C·H·Beck
PAPERBACK

Dieses Buch bietet einen einzigartigen Überblick über die Geschichte des Jiddischen von den ältesten mittelalterlichen Texten über die jiddischen Kulturen Osteuropas bis hin zu den großen jiddischen Romanen des 19. und 20. Jahrhunderts, zur Schoah und zum heutigen Jiddisch in den USA und Israel. Dabei geht es weit über eine reine Sprachgeschichte hinaus, denn die jiddische Sprache mit ihren deutschen, hebräischen und slawischen Bestandteilen ist ein faszinierendes Spiegelbild jüdischer Kultur und Geschichte: Wanderungen von Juden nach Osteuropa oder in die USA, Begegnungen mit anderen Sprachen und Kulturen sowie innerjüdische Entwicklungen haben im Jiddischen ihren Niederschlag gefunden und verschiedene kulturelle Strömungen entstehen lassen. Das Jiddische diente gleichermaßen als Sprache der Tradition und Religion wie als Sprache der Avantgarde und Moderne. Seit dem 19. Jahrhundert entwickelte sich Jiddisch zu einer modernen Welt- und Literatursprache und ist bis heute eine lebendige Sprache, die ihren Sprechern und Liebhabern mehr bedeutet als die nostalgische Erinnerung an das im Zweiten Weltkrieg vernichtete europäische Judentum.

Marion Aptroot ist Professorin für Jiddische Kultur, Sprache und Literatur an der Heinrich-Heine-Universität Düsseldorf.

Roland Gruschka ist Jiddist und Professor für Jüdische Literaturen an der Hochschule für Jüdische Studien Heidelberg.

Marion Aptroot / Roland Gruschka

Jiddisch

Geschichte und Kultur einer Weltsprache

C.H.Beck

1. Auflage in der beck'schen Reihe. 2010

Mit 12 Abbildungen und einer Karte

Originalausgabe

2., durchgesehene Auflage in C.H.Beck Paperback. 2023

www.chbeck.de
Umschlaggestaltung: malsyteufel, Willich
Umschlagabbildung: El Lissitzky, Illustration zu dem
Lied «Chad Gadya» (Das Zicklein), Tretjakow-Galerie, Moskau,
© Bridgeman Images
Satz: C.H.Beck.Media.Solutions, Nördlingen
Druck und Bindung: Druckerei C.H.Beck, Nördlingen
Gedruckt auf säurefreiem und alterungsbeständigem Papier
Printed in Germany
ISBN 978 3 406 80406 9

myclimate

klimaneutral produziert
www.chbeck.de/nachhaltig

Inhalt

Vorwort

Eine kompakte, allgemeinverständliche Darstellung der jiddischen Sprache und ihrer Geschichte kann nicht erschöpfend sein, sondern muss sich auf eine sinnvolle Auswahl beschränken. Vieles, auch wichtiges, konnte nicht berücksichtigt werden. Der Schwerpunkt der Darstellung liegt auf der Sprachgeschichte, die aber nur vor ihrem kulturellen, sozialen und historisch-politischen Hintergrund wirklich zu verstehen ist. Die Literaturgeschichte im eigentlichen Sinne konnten wir nicht behandeln – dies würde ein eigenes Buch erfordern.

Unseren Kollegen Erika Timm, Simon Neuberg, Ursula Reuter und Hans Hecker danken wir für die kritische Lektüre früherer Fassungen des Manuskripts. Jiddische Sprachgeschichte ist ein kontroverser Gegenstand. Daher ist es keine leere Floskel, wenn wir schreiben, dass die Verantwortung für alle in diesem Buch vertretenen Ansichten allein bei uns, den Verfassern, liegt.

Dalit Assouline hat uns freundlicherweise noch unveröffentlichte Arbeiten aus ihrer Forschung zum Jiddisch der Charedim im heutigen Israel zur Verfügung gestellt. Dafür danken wir ihr herzlich. Ulrich Nolte und Petra Rehder vom Verlag C. H. Beck danken wir für die freundliche Betreuung und sorgfältige Lektorierung des Manuskripts.

Düsseldorf, im Herbst 2009
Marion Aptroot und Roland Gruschka

1. *Af ale kontinentn* – Die jiddische Sprache

«*Jidn redn jídisch af ále kontinéntn.*» Wenn ein Deutscher diesen Satz hört, könnte er meinen, dass Jiddisch nichts als eine exotische Form des Deutschen, wenn nicht ein deutscher Dialekt sei. Wenn er dann aber «*Rabójßaj, mir weln bentschn*» (‹Meine Herren, lasst uns das Tischgebet sprechen›) hört, kann er sich vielleicht kaum vorstellen, dass es sich bei den beiden Sätzen um ein und dieselbe Sprache handelt. Tatsächlich gibt es viele Ähnlichkeiten und Gemeinsamkeiten zwischen Jiddisch und Deutsch, aber diese können auch täuschen. Um das Jiddische als eigenständige Sprache zu verstehen, muss man es aus seinen inneren Zusammenhängen heraus betrachten.

Jiddisch war für fast tausend Jahre die Muttersprache der aschkenasischen Juden und ist als solche eng mit Geschichte und Kultur dieser ethno-religiösen Gruppe verbunden. Als aschkenasische Juden oder Aschkenasim bezeichnet man diejenigen Juden, deren Kultur im mittelalterlichen Deutschland entstanden ist und sich von dort aus schließlich «*af ále kontinéntn*», «über alle Kontinente» verbreitet hat. Sprachwissenschaftler haben Jiddisch nicht ohne Berechtigung als eine westgermanische, mit dem Deutschen verwandte Sprache klassifiziert. Gleichzeitig ist Jiddisch aber ein sehr gutes Beispiel dafür, dass die Zuordnung von Sprachen zu Sprachfamilien ab einem gewissen Punkt an ihre methodischen Grenzen stößt. Mit mehr Berechtigung lässt sich Jiddisch nämlich als eine Komponentensprache (engl. *fusion language*, jidd. *schmélzschprach*) bezeichnen, die ihre Entstehung einem lang andauernden und intensiven Kontakt verschiedener Sprachen bei den aschkenasischen Juden verdankt.

Die Komponentensprache und ihre Quellsprachen

Eine Komponentensprache ist eine voll ausgebildete eigenständige Sprache, in der nicht nur der Wortschatz, sondern auch die Strukturen der an der Sprachentstehung beteiligten Quellsprachen neuartige Verbindungen eingegangen sind, die die Strukturen und den Wortschatz der Quellsprachen nicht einfach mechanisch abbilden. Stattdessen weist eine Komponentensprache ein gegenüber den Quellsprachen eigenständiges grammatisches System, eigene Wortbildungsmuster und eigene semantische Felder auf. Sie besitzt demzufolge eine eigene Entwicklungsdynamik.

Als Quellsprachen (engl. *stock languages*, jidd. *schmélzwargschprachn*) einer Komponentensprache bezeichnen wir diejenigen Sprachen, die die Komponentensprache auf verschiedenen Sprachebenen mitgeprägt haben. Um von einer Quellsprache sprechen zu können, müssen Elemente aus mehreren Sprachebenen (Wortschatz, Wortstellung, Morphologie, Lautinventar usw.) in die Komponentensprache eingegangen sein.

Die Quellsprachen des Jiddischen sind nicht zufällig jene Sprachen, die in den verschiedenen historischen und kulturellen Lebenswelten und Lebensbereichen der aschkenasischen Juden eine wichtige Rolle gespielt haben: Hebräisch und Aramäisch, mittelhochdeutsche und frühneuhochdeutsche Dialekte (und später Neuhochdeutsch), slawische Sprachen (Alttschechisch, Polnisch, Belarussisch, Ukrainisch und später Russisch). In den ersten Jahrhunderten des aschkenasischen Judentums waren außerdem romanische Quellsprachen (z. B. Altfranzösisch) von Bedeutung. Heutzutage gehören das moderne Hebräisch (Iwrith) und das Englische ebenfalls zu den Quellsprachen des Jiddischen.

Die Selbständigkeit des Jiddischen gegenüber den Quellsprachen war bereits in der sprachlichen Situation der Entstehungszeit angelegt. Anders als heute gab es in den Reichen des mittelalterlichen Europa keine alles überdachende Hochsprache mit festgelegter Rechtschreibung und einem für alle Lebensbereiche ausgebildeten Wortschatz, keine Schriftsprache, die durch ein allgemeines Schulsystem in alle Bevölkerungsschichten hinein verbreitet und deren Gebrauch verpflichtend vorgeschrieben wurde. Die mittelalterliche Lebenswelt der aschkenasischen Juden war nicht nur multikulturell, sie war auch auf eine andere Weise vielsprachig, als wir es von heutigen Verhältnissen her gewohnt sind. Untereinander gebrauchten die aschkenasischen Juden andere Sprachen als die Christen, während sie sich im Umgang mit ihnen deren Sprachen bedienen mussten. Diese Sprachverhältnisse werden als *innere* und *äußere Mehrsprachigkeit* bezeichnet.

Die Sprachen der inneren Mehrsprachigkeit (Binnendiglossie) waren bei den aschkenasischen Juden auf der einen Seite Hebräisch und Aramäisch bzw. Mischformen dieser beiden Sprachen, auf der anderen Seite Jiddisch. Aschkenasische Gelehrte unterschieden nicht streng zwischen Hebräisch und Aramäisch (siehe unten, S. 15), sondern fassten beide unter dem Begriff *loschn-kójdesch* («Heilige Sprache» bzw. «Sprache der Heiligkeit») zusammen. *Loschn-kójdesch* war die traditionelle «Hochsprache» der inneren Zweisprachigkeit, ähnlich wie Latein bei den Christen. Es war die Sprache der Bibel, des Talmud und anderer religiöser Schriften. Bei den religiösen Kulthandlungen wurde ausschließlich *loschn-kójdesch* gebraucht. Auf *loschn-kójdesch* wurden rabbinische Urkunden, Verträge, Geschäftsbriefe und gelehrte Abhandlungen verfasst. Die Sprache konnte man aber auch für private Korrespondenz oder Unterhaltungsliteratur benutzen. In der mündlichen Kommunikation ist der Gebrauch von Formen des *loschn-kójdesch* nur in Ausnahmefällen belegt: So haben sich bis ins 19. Jahrhundert jüdische Gesandte aus Jerusalem und Zfat (Galiläa), die zur Unterstützung der dort lebenden jüdischen Gelehrten Spenden sammelten, in einem wie auch immer gearteten Hebräisch mit den Juden in Europa verständigt.

Jiddisch war dagegen die Umgangssprache der Aschkenasim untereinander. Im Unterricht in den traditionellen Schulen (*chadórim*) hatte das Jiddische eine dienende Funktion als Sprache der religiösen Unterweisung. Daneben wurde es als Schriftsprache verwendet, vor allem für Bibelübersetzungen sowie Erbauungsschriften, Handbücher, Korrespondenz und Unterhaltungsliteratur. Auch wenn sich die Funktionsbereiche von Jiddisch und *loschn-kójdesch* teilweise überschnitten, blieb doch der Status des Jiddischen selbst niedrig. Das Jiddische war noch keine Sprache, die bewusst «gepflegt» und unterrichtet wurde oder Gegenstand gelehrter Forschungen war. Das Hebräisch-Aramäische galt dagegen als «Heilige Sprache», deren Beherrschung bei den Juden traditionell ein Ausweis von hoher Bildung war. Formen dieser inneren Mehrsprachigkeit haben sich (mit gewissen Veränderungen) bei traditionalistischen Juden bis in unsere Tage erhalten.

Die Sprachen der äußeren Mehrsprachigkeit (Außendiglossie) änderten sich im Laufe der Jahrhunderte. Der sprachliche Kontakt mit den Nichtjuden verlief bis in die Neuzeit hinein überwiegend auf mündlichem Wege. Im vormodernen Deutschland hatten es die Juden mit einer Bevölkerung zu tun, die in ihrer Mehrheit mittelhochdeutsche, später frühneuhochdeutsche Dialekte sprach und als Hoch- und Sakralsprache das Lateinische besaß. In den Ländern Osteuropas herrschte eine größere Vielsprachigkeit. Die wichtigsten und für die weitere Sprachentwicklung einflussreichsten neuen Kontaktsprachen in dieser Region waren Formen des Polnischen, Belarussischen und Ukrainischen.

Die Komponenten des Jiddischen

Die Elemente der Quellsprachen, die in das Jiddische eingegangen sind, nennen wir *Komponenten*. Die wichtigsten Komponenten für das «klassische» Jiddisch, d. h. die in Osteuropa im 19. Jahrhundert entstandene moderne ostjiddische Literatursprache, sind die *Deutsche Komponente* (DtK), die *Hebräisch-Aramä-*

ische (HAK), die *Slawische* (SlK) und die *Romanische Komponente* (RomK). Wenn von den Komponenten des Jiddischen die Rede ist, sind die Bezeichnungen Deutsch, Hebräisch-Aramäisch, Slawisch und Romanisch als Sammelbegriffe für die verschiedenen Quellsprachen, ihre Dialekte und historischen Sprachstufen zu verstehen.

- *Deutsch* umfasst in diesem Zusammenhang mittel- und frühneuhochdeutsche Dialekte sowie das moderne Hochdeutsch.
- *Hebräisch-Aramäisch* steht für das biblische Hebräisch, das spätantike jüdische Aramäisch und die darauf aufbauenden Formen beider Sprachen, darunter das rabbinische bzw. mittelalterliche Hebräisch sowie das nachmittelalterliche aschkenasische Hebräisch.
- *Slawisch* steht als Oberbegriff für Mittel- und Neu-Polnisch, Ukrainisch, Belarussisch, modernes Russisch und Alttschechisch, und nicht etwa für das aus der historischen Rekonstruktion bekannte Urslawische.
- *Romanisch* wird als Oberbegriff für die nur teilweise bekannten romanischen Quellsprachen verwendet, die das Jiddische in seiner allerfrühesten Entstehungsphase mitgeformt haben. Dazu zählt vor allem mittelalterliches Jüdisch-Französisch.

Wortschatz und Struktur

Der Einfluss dieser Komponenten auf das Jiddische beschränkt sich nicht allein auf Wörter, sondern macht sich auf allen Ebenen der Sprache bemerkbar: Wortschatz, Morphologie, Syntax, Semantik, Lautinventar. Das Jiddische selbst ist mehr als die Summe seiner Komponenten, denn die Elemente der Quellsprachen haben bei ihrer Aufnahme ins Jiddische und in der Zeit danach in nicht unerheblichem Maße eine Eigenentwicklung gegenüber ihren Entsprechungen in den Quellsprachen durchgemacht. Darüber hinaus haben sich die Komponenten des Jiddischen gegenseitig beeinflusst: Ihre Elemente gingen neue Verbindungen untereinander ein, Bedeutungen und Funktionen wurden übertragen, neue grammatische Konstruktionen haben sich herausgebildet.

Einen ersten Eindruck davon, wie sehr die Komponenten in Wortschatz und Struktur miteinander verbunden sind, mögen vier Sätze aus dem Fortsetzungsroman *Motl Péjße dem chasnß* (‹Mottel, der Sohn des Kantors Péjße›) geben, den der bekannte Schriftsteller Scholem Alejchem zwischen 1907 und 1916 veröffentlichte. Die Erzählperson ist der Kantorssohn Mottel, ein Junge zwischen vier und zwölf Jahren, für den Scholem Alejchem einen entsprechend einfachen Redestil gewählt hat:

Menásche der rójfe trogt ßaj wínter ßaj súmer a héngkolner.
Menasche der Heiler trägt winters wie sommers einen Umhang.

Un chotsch doß mojl is im af a sajt, fun déßtwegn macht Menásche béßer fun ále doktójrim.
Und obwohl er einen schiefen Mund hat, versteht er sein Handwerk trotzdem besser als alle Ärzte.

Si hot mójre, me sol mich nit awékganwenen ßáme baj der grénez.
Sie fürchtet, dass man mich genau auf der Grenze einkassieren könnte.

Ájngetunken di pen in faß un gegébn a schrajb épeß afn wajßn bojgn papír mit a drejdl un mit a zuk.
Die Feder ins Tintenfass eingetaucht und rasch etwas auf den weißen Bogen Papier hingeschrieben, mit einem Schnörkel und einem Strich.

Héngkolner ist zusammengesetzt aus *héngen* (‹hängen›, DtK) und *kólner* (‹Kragen›, SlK). Der Internationalismus *dóktor* bildet hier nach hebräischem Muster den Plural *doktójrim* (vgl. jidd. *der gíber* ‹Held, starker Mann› – *di gibójrim*, HAK). In der Phrase *si hot mójre* finden wir ein Pronomen *si* (DtK) und den zusammengesetzten Verbalausdruck *mójre hobn* (HAK + DtK), der nach deutschem Muster konjugiert wird. Das Verb *awékganwenen* hat eine deutschstämmige Vorsilbe (*awék-* ‹weg-›), einen hebräischen Stamm (*-ganáw-* ‹stehlen›) und eine deutschstämmige Endung (*-en*). Die Phrase *me sol nit* in Verbindung mit einem Infinitiv bildet eine von slawischen Quellsprachen geprägte Konstruktion, die nicht nach deutschem Muster zu verstehen ist, obwohl die einzelnen Wörter der Deutschen Komponente angehören. Die Konjunktion *chotsch* ‹obwohl› ist slawischer Herkunft, die Konjunktion *fun déßtwegn* ‹trotzdem› dagegen deutscher, allerdings mit einer Bedeutung, die sich aus dem heutigen Deutsch nicht erschließen lässt. Anstelle von *ßaj ... ßaj ...* ‹sowohl ... als auch› (DtK) hätte Scholem Alejchem auch *i ... i ...* (‹dass.›, Herkunft umstritten) schreiben können. In einem gehobenen Schreibstil würde man *hen ... hen ...* (HAK) bevorzugen. *Pen* gehört zur Romanischen Komponente und stammt wohl aus dem Altfranzösischen. Die Phrase *gegébn a schrajb épeß* zeigt eine typisch jiddische Konstruktion, deren Verbreitung auf slawischen Einfluss zurückgeht.

Sprachliche Einflüsse auf das Jiddische fanden immer in einem konkreten historischen Kontext statt. Keine der Quellsprachen wirkte je als Ganzes auf die Komponentensprache ein. Wörter wurden zu verschiedenen Zeiten aus unterschiedlichen Sprachstufen der zahlreichen Quellsprachen entlehnt. Dies gilt auch für etymologisch verwandte Wörter wie z. B. *schtudírn* (DtK) und *ßtudént* (SlK), bei denen das erste Wort die deutsche, das zweite die polnische oder russische Aussprache wiederspiegelt. Sehr häufig haben historisch verwandte, noch immer gleich klingende Wortformen stark abweichende Bedeutungen in der Quellsprache und im Jiddischen. Zum Beispiel bedeutet das jiddische Verb *baháltn* ‹verbergen› und nicht etwa ‹behalten›. Und wenn ein Jiddischsprecher *sich ójßzien* will, will er nicht seine Kleider ablegen, sondern sich hinlegen, sich die Glieder strecken. Die einzelnen Komponenten haben nicht nur Wörter beigetragen, sondern auch verschiedene Bedeutungen. Die Grundbedeutung von *faréntfern* im Jiddischen ist ‹beantworten›, aber auch ‹(ein Problem) lösen›. Später traten die aus dem Slawischen entlehnte Bedeutung ‹entsprechen› (vgl. russ. *otvečat'*) sowie nach dem Vorbild der neuhochdeutschen Schriftsprache die Bedeutung ‹verantworten› hinzu.

Ein nicht geringer Teil des jiddischen Wortschatzes besteht aus Eigenprägungen, bei denen allenfalls die Teilelemente auf die Quellsprachen zurückzuführen sind, z. B. *farknáßn* ‹verloben›. Der *knaß* (HAK) ist eine Geldsumme, welche die zwei Familien beim Abschluss eines Ehevertrages auf der Verlobungsfeier hinterlegen. Löst eine Seite die Verlobung vor der Hochzeit auf, fällt das Geld als Entschädigung an die andere. Heutzutage wird das Wort *farknáßn* aber im neutralen Sinne für ‹verloben› gebraucht, unabhängig davon, ob dieser traditionelle Brauch eingehalten wurde oder nicht. Das Genus, also das grammatische Geschlecht der jiddischen Wörter, stimmt nicht immer mit dem der entsprechenden Wörter in den Quellsprachen überein. So heißt es z. B. im Jiddischen *di hun* für ‹das Huhn› und *der verb* für ‹das Verb›; *doß ßéjfer* (‹religiöses Buch, Schriftrolle›) ist im Jiddischen Neutrum, die hebräische Entsprechung *ßéfer* (‹Buch, Schriftrolle›) ist dagegen Maskulinum.

Flexion. Jiddisch ist eine flektierende Sprache, d. h. Verben, Substantive, Artikel und Adjektive werden gebeugt. Die morphologischen Endungen stammen überwiegend aus dem Deutschen. Gerade bei den Pluralendungen der Substantive zeigt sich jedoch deutlich, dass die einzelnen Wörter nicht wie in der Quellsprache gebeugt werden müssen: *der tisch – di tischn* (dt. der Tisch – die Tische), *der bojm – di béjmer* (dt. der Baum – die Bäume), *der séjde – di séjdeß* (‹Großvater›, SlK), *der núdnik – di núdnikeß* (‹Nervensäge›, SlK; im Russischen würde der Plural z. B. *nudniki* lauten). Hebräisch-aramäische Wörter haben oft die ursprünglichen Pluralformen beibehalten, z. B. *ßéjfer – ßfórim* ‹(religiöses) Buch›, *gánew – ganówim* ‹Dieb›, *kále – káleß* ‹Braut›. Die Mehrzahlbildung kann aber auch von den Regeln der klassischen hebräischen Grammatik abweichen, z. B. jidd. *táleß – taléjßim* ‹Gebetsschal› vs. hebr. *talít – talitót*, jidd. *mídber – midbórjeß* vs. hebr. *midbár – midbarím*, *ßèjfer-tójre – ßèjfer-tójreß* ‹Torarolle› vs. hebr. *ßèfer-torá – ßifrè-torá*. Dabei können auch Pluralendungen der Deutschen Komponente gebraucht werden: *doß pónem – di pénemer* ‹Gesicht› vs. hebr. *paním* (‹dass.›, aber grammatisch erstarrter Plural), *di/doß machlójkeß – di machlójkeßn* ‹Streit› vs. hebr. *machalóket – machalokót*, *der tóeß – di tóeßn* (aber auch: *di teúßim*) ‹Fehler› vs. hebr. *ta'út – ta'ujót*. Die hebräische Pluralendung *-im* wird auch bei einer Reihe von Wörtern der anderen Komponenten gebraucht: *der pójer – di pójerim* ‹Bauer›, *der nar – di narónim* ‹Narr›, *der dókter – di doktójrim* ‹Arzt›.

Das jiddische Kasussystem hat drei Fälle: Nominativ, Dativ und Akkusativ. Die Substantive werden in der Regel nicht nach Fällen gebeugt. Allerdings können Personennamen und eine kleine Zahl von Wörtern im Dativ und Akkusativ eine Kasusendung annehmen: *Ríwke* – ‹Rebekka›, aber *er redt mit Ríwken* ‹er spricht mit Rebekka›; *der táte* – ‹der Vater›, aber *ich se dem tatn* ‹ich sehe meinen Vater›. Besitzverhältnisse im eigentlichen und übertragenen Sinne können durch Konstruktionen mit der Possessiv-Endung *-(e)ß* ausgedrückt werden, z. B. *Awrómß ßíder* ‹Abrahams Gebetbuch›, *der mámeß schtub* ‹Mutters Wohnung›, *dem rédnerß kol* ‹die Stimme des Redners›, *Pérezeß pjéße* ‹Peretz' Theaterstück›.

Artikel. Das Jiddische kennt bestimmte und unbestimmte Artikel. Der bestimmte Artikel wird nach Geschlecht, Zahl und Fällen gebeugt. *Di jínglech schpiln mit di dréjdlech.* ‹Die Jungen spielen mit den Kreiseln.› *Der pójer firt di behéjme af der lónke* ‹Der Bauer führt die Kuh auf die Weide.› Der unbestimmte Artikel *a* ‹einer, eine, ein› wird dagegen nicht nach den Fällen oder dem Geschlecht gebeugt. Es gibt nur zwei Formen: Vor Konsonanten steht *a*, z. B. *a buch* ‹ein Buch›. Vor Vokalen steht *an*, z. B. *hitn wi an ojg in kop* ‹hüten wie seinen Augapfel›.

Bei Neutra unterscheidet sich die Beugung des Adjektivs je nach dem, ob das Substantiv mit einem bestimmten oder einem unbestimmten Artikel steht, z. B. *a klejn kind* ‹ein kleines Kind› – *doß kléjne kind* ‹das kleine Kind›. Bei männlichen und weiblichen Substantiven wird dieser Unterschied nicht gemacht: *a grójßer bojm* ‹ein großer Baum› – *der grójßer bojm* ‹der große Baum›, *in an álter schul* ‹in einer alten Synagoge› – *in der álter schul* ‹in der alten Synagoge›.

Verbalsystem: Tempus und Aktionsart. Die Konjugation der Verben ist von der Deutschen Komponente geprägt. Anders als das Neuhochdeutsche kennt das moderne Jiddisch jedoch keine einfache Vergangenheit (Präteritum) mehr. Ähnlich dem deutschen Perfekt werden die Vergangenheitsformen im Jiddischen mit den Hilfsverben *hobn* ‹haben› oder *sajn* ‹sein› zusammen mit dem Partizip gebildet. Zum Beispiel *ich bin gewén* ‹ich war, ich bin gewesen›, *du hoßt gehát* ‹du hattest, du hast gehabt›, *er is geschtánen* ‹er stand, er hat gestanden›, *mir sájnen geséßn* ‹wir saßen, wir haben gesessen›. Je nach Kontext kann ein Satz wie *si hot geléjent* mit ‹sie las› oder ‹sie hat gelesen›, gelegentlich sogar als ‹sie hatte gelesen› übersetzt werden. Unter den so genannten zusammengesetzten (periphrastischen) Verben gibt es viele, die aus dem nicht-flektierten Gegenwarts-Partizip eines hebräisch-aramäischen Verbs und dem Hilfsverb *sajn* gebildet sind, z. B. *máßkim sajn* ‹einverstanden sein› und *mámschech sajn* ‹fortsetzen, weitermachen›. Ihre Gegenwart formen sie mit *sajn*, ihre Vergangenheit mit *hobn* und *gewén* (‹haben› und ‹gewesen›): *ich bin máßkim – ich hob máßkim gewén, sej sájnen mámschech – sej hobn mámschech gewén.*

Kurze, einmalige oder abrupte Handlungen können im Jiddischen durch den Verbalstamm zusammen mit den Hilfsverben *ton* ‹tun› oder *gebn* ‹geben› ausgedrückt werden: *a kuk gebn* ‹einen kurzen Blick werfen›, *a schpring ton* ‹kurz aufspringen›. Diese Ausdrucksmöglichkeit heißt *Stammkonstruktion* (jidd. *moment-konßtrùkzje*). Das Andauern einer Handlung, ihre Intensität, ihre Abgeschlossenheit oder ihr Anfang (so genannte Aktionsarten) können durch besondere Präfixe (Vorsilben) bezeichnet werden. So bedeutet z. B. *ónschrajbn* ‹fertig schreiben, zu Ende schreiben› und nicht etwa ‹Schulden anschreiben›. Weitere Beispiele: *únterschpringen* ‹kurz zusammenzucken›, *úntertanzn* ‹sich als Zuhörer im Rhythmus der Musik bewegen›, *dergéjn (bis)* ‹erreichen›, *dergíßn* ‹(mit Flüssigkeit) auffüllen›, *dersén* ‹erblicken›. Diese besondere Funktion der verbalen Präfixe ist im Jiddischen deutlich ausgeprägter als in anderen germanischen Sprachen und geht auf slawischen Einfluss zurück. Man vergleiche etwa jidd. *íberschrajbn* ‹noch einmal schreiben› und poln. *przepisać* oder russ. *perepisat’* (wörtlich ‹über-schreiben›); *ónschrajbn* ‹fertig schreiben› und poln. *napisać* oder russ. *napisat’* (wörtlich ‹an-schreiben› bzw. ‹aufschreiben›). Sehr typisch sind dabei Entsprechungen der jiddischen Vorsilben *iber-* zu poln. *prze-* und russ. *pere-*, *der-* zu slaw. *do-*, *on-* zu slaw. *na-*. In den slawischen Sprachen selbst ist der Gebrauch von Präfixen nur eine von mehreren Möglichkeiten, Aktionsarten wie z. B. das Andauern einer Handlung oder Aspekte wie «vollendet/unvollendet» auszudrücken. Das Jiddische bildet dieses so genannte slawische Aspektsystem mit den Mitteln der Deutschen Komponente jedoch nur in Ansätzen nach, nämlich durch den Gebrauch bestimmter Präfixe, durch eine Reihe von Hilfsverben und durch die oben erwähnte Stammkonstruktion. In der jiddischen

Grammatik sollte man daher auch eher von Aktionsarten als von Aspekten sprechen.

Verneinung. Eine doppelte Verneinung ergibt im Jiddischen keine Bejahung. *Ich hob kéjnem nit gesén* – ‹Ich habe niemanden gesehen›. *Kéjner hot nit gelácht* – ‹Niemand hat gelacht›. *Hot nit kejn faríbl!* – ‹Nehmt es mir nicht übel!› Zur Verstärkung können die Verneinungspartikel gehäuft werden: *hot nit kejn faríbl nit!* – ‹Nehmt es mir bitte nicht übel!›

Komposition. Zusammengesetzte Wörter (Komposita) können sowohl nach dem Muster der Deutschen wie der Hebräisch-Aramäischen Komponente gebaut werden. In Wörtern wie *éplbojm* ‹Apfelbaum›, *únterban* ‹U-Bahn›, *ájnforhojs* ‹Herberge (für Fuhrleute)› und *parnóße-gèber* ‹Ernährer, Hauptverdiener in einem Haushalt› liegt der Hauptakzent im ersten Wortteil. Der erste Wortteil bestimmt in solchen Zusammensetzungen den zweiten näher. Im Jiddischen lassen sich zwei Wörter auch auf andere Weise verbinden. Aus dem Hebräischen übernommen wurde der Status Constructus (Smichut): Zwei Wörter stehen beieinander, wobei das zweite Wort die Bedeutung des ersten näher bestimmt. Zum Beispiel *ßèjfer-tójre* ‹Torarolle› (gebildet aus *ßéjfer* ‹Schriftrolle› und *tójre* ‹Tora›), *tàlmid-chóchem* ‹Gelehrter, traditioneller Schriftgelehrter, Hochgebildeter› (gebildet aus *tálmid* ‹Schüler, Student, Anhänger eines Lehrers oder einer Schule› und *chóchem* ‹Weiser, Intelligenter, Gelehrter›). Wie die Beispiele zeigen, liegt der Hauptakzent dabei im zweiten Wort. Nach dem Vorbild des Status Constructus werden im Jiddischen auch Wörter miteinander verbunden, die nicht beide der Hebräisch-Aramäischen Komponente angehören, z. B. *ßof-wóch* ‹Wochenende› – gebildet aus *ßof* ‹Ende› (HAK) und *woch* ‹Woche› (DtK); *ek wélt* ‹am Ende der Welt; dort, wo sich Fuchs und Hase gute Nacht sagen› – gebildet aus *ek* ‹Ende› (DtK) und *welt* ‹Welt› (DtK). Ein *ek tísch* ist daher nicht etwa ein ‹Ecktisch›, sondern ein ‹Tischende› oder eine ‹Tischseite›. Andererseits müssen Wörter aus der Hebräisch-Aramäischen Komponente nicht zwangsläufig nach dem Muster des Status Constructus miteinander verbunden werden. In geläufigen jiddischen Wörtern wie *jeschíwe-bòcher* ‹Student an einer Talmudschule› – gebildet aus *jeschíwe* ‹Talmudschule› und *bócher* ‹unverheirateter junger Mann, Junggeselle› (beide HAK) – erkennt man das Muster der Deutschen Komponente. Diese verschiedenen Wortbildungsmuster zeigen sehr gut, dass sich der Einfluss der einzelnen Komponenten keineswegs auf den zugehörigen Wortschatz beschränkt.

Verkleinerung. Das Jiddische ist reich an Verkleinerungsformen. Bei Wörtern wie *klajsl* (von *klojs* ‹Bethaus›), *hintl* (von *hunt* ‹Hund›) und *féderl* (von *féder* ‹Feder, Schreibstift›) bezeichnen sie Gegenstände oder Lebewesen von kleiner Größe. Bei Eigennamen wie *Jankl* (von *Jánkew* ‹Jakob›) und *Ssérke* (von *Ssóre* ‹Sara›) oder Wörtern wie *cháwerl* (von *cháwer* ‹Freund›) und *bócherl* (von *bócher* ‹unverheirateter junger Mann, Junggeselle›) drücken sie eher eine besondere emotionale Nähe oder aber eine ironische Distanz aus. Viele Wörter mit Verkleinerungsendungen haben gegenüber ihrem Grundwort eine neue Bedeutung angenommen, so z. B. *benkl* ‹Hocker, Stuhl› (ursprünglich von *bank* ‹Sitzbank›), *tepl* ‹Tasse› (von *top* ‹Topf, Gefäß›), *trepl* ‹Stufe, Stiege› (von *trep* ‹Treppe›).

Die Verkleinerungsendungen *-l* und *-ele* bilden ein zweistufiges System: *kaz* ist eine Katze, *kezl* eine kleine Katze oder ein Kätzchen, und *kézele* wird ein neugeborenes oder besonders niedliches Kätzchen oder aber eine sehr geliebte Person genannt. Auf diese Weise kann von fast jedem jiddischen Substantiv mindestens eine Verkleinerungsform gebildet werden. Für Adjektive und Adverbien wiederum gibt es eigene Kose- und Verkleinerungsendungen, z. B. *klejn* ‹klein› und *kléjnink* ‹sehr klein›, auch ‹niedlich›.

A broche machn: *Semantische Felder und Komponenten*

Im Jiddischen gibt es viele Bezeichnungen und Namen für alles, was mit dem religiösen Kult und dem Brauchtum im weitesten Sinne zu tun hat, denn die jüdische Religion durchdringt alle Bereiche des täglichen Lebens. Daher lässt sich das Wortfeld «Religion» im Jiddischen nicht klar eingrenzen. Die Synagoge heißt auf Jiddisch *schul* (DtK), aber auch *bejß-haknéßeß* (HAK). Ein Bethaus, in dem auch gelehrt wird, ist ein *beßmédresch* (HAK), ein kleines Bethaus ist eine *klojs* (DtK). Männer und Frauen sitzen getrennt, die Abteilung für die Frauen wird *wájberschul* (DtK) oder *èsreß-nóschim* (HAK) genannt. Morgens nach dem Aufstehen gießen Männer *négl-wàßer* (DtK) über ihre Hände. Sie *dáwenen* – ‹beten› – *schächreß* ‹Morgengebet›, *mínche* ‹Nachmittagsgebet› und *májrew* ‹Abendgebet› (alle HAK) aus dem *ßíder* (HAK), dem jüdischen Gebetbuch, das zu Hause und in der Synagoge gebraucht wird. An Feiertagen benutzt ein frommer Jude dagegen ein Feiertagsgebetbuch, ein *máchser* (HAK). Es bedeutet für ihn eine große Ehre, am Schabbat oder am Feiertag in der Synagoge *úfgerufn* (DtK), d. h. ‹zur Toralesung aufgerufen›, zu werden. Nach getaner Arbeit sitzt er über einem *ßéjfer* (HAK), einem ‹religiösen Buch›. Ein Buch mit nicht-religiösen Inhalten heißt dagegen *a buch* (DtK).

Jeder weiß, dass religiöse Juden *kóscher haltn* (HAK + DtK), d. h. einen koscheren Haushalt führen und nur koschere Lebensmittel essen. Rituell unreine Speisen sind dagegen *tréjf* (HAK). Weil Milch- und Fleischspeisen, *mílchikß* und *fléjschikß* (beide DtK), nicht zusammen zubereitet oder gegessen werden dürfen, werden sie streng getrennt. Koschere Speisen, die weder *mílchik* noch *fléjschik* sind, nennt man *párew(e)* (SlK), sie können zusammen mit Milch- oder Fleischspeisen zubereitet und gegessen werden.

Weil auch das Küchengerät und das Essgeschirr voneinander getrennt werden müssen, gibt es in einem koscheren Haushalt z. B. *mílchike méßer* ‹Messer für Milchspeisen› und *fléjschike téplech* ‹Tassen, aus denen bei Fleischmahlzeiten getrunken wird›. Wörter und Ausdrücke, die einen derart festen Sitz im Leben haben, werden natürlich auch im übertragenen Sinne benutzt. Auch ein Geschäft oder eine Handlung kann einem *nit kóscher* vorkommen.

Vor dem Essen oder Trinken muss ein religiöser Jude *a bróche machn* (HAK + DtK), einen Segen sprechen. In Kreisen weltlicher Juden kann man aber auch gelegentlich die Aufforderung *Mach a bróche!* hören, nur bedeutet sie in diesem Fall nicht unbedingt, dass der Segen nicht vergessen werden soll, sondern so viel wie ‹Fang schon mal an!›

A bróche machn ist wie *tílim sogn* (HAK + DtK) ‹Psalmen beten› und *licht bentschn* (DtK + RomK) ‹den Segensspruch über den

Schabbatkerzen sprechen› ein feststehender Ausdruck. Würde man die Wörter *bróche* und *tílim* mit anderen Verben verbinden, um dasselbe sagen zu wollen, klänge dies in den Ohren der Jiddischsprecher ungewohnt und befremdlich.

Die Unterschiede zwischen der Lebenswelt der Juden und der Christen bzw. der Nichtjuden waren in der Vergangenheit für beide Seiten von weitaus größerer Bedeutung als heutzutage. Um bestehende Unterschiede klar zu benennen, werden im Jiddischen daher ähnliche oder vergleichbare Einrichtungen, Bräuche oder religiöse Riten mit verschiedenen Namen belegt. Ein jüdischer Friedhof heißt im Jiddischen ein *beß-ójlem* (HAK), einen christlichen nennt man dagegen *zwínter* (SlK). Jüdisches Beten heißt *dáwenen* (wahrscheinlich HAK), das Beten der Christen dagegen *móljen sich* (SlK). Daneben gibt es in der modernen Standardsprache auch neutrale Begriffe für religiöse Einrichtungen oder Gebräuche. *Tfíle ton* (HAK + DtK), wörtlich ‹ein Gebet sprechen›, kann jüdisches wie nichtjüdisches Beten bezeichnen. Wissenschaftler nennen diesen Unterscheidungswortschatz im Jiddischen *leháwdl-loschn* (HAK) ‹*leháwdl*-Sprache›. Wenn man im Jiddischen zwei Begriffe in einem Atemzug nennt, die im jüdischen Leben eigentlich rituell oder in anderer Weise getrennt bleiben müssen, flicht man das Wort *leháwdl* ‹wohl zu unterscheiden› in seine Rede ein: *doß pójerl hot a behéjme mit a cháser, leháwdl* ‹der Kleinbauer hat ein Rind und – wohl zu unterscheiden – ein Schwein›.

Manchmal wird behauptet, dass sich die Wörter der Hebräisch-Aramäischen Komponente im Jiddischen auf den Bereich der Religion und des religiösen Brauchtums beschränken. Sie sind aber nicht nur in diesem, sondern auch in anderen Bereichen stark vertreten, nicht zuletzt im Grundwortschatz: *tómer* ‹falls›, *klójmer* ‹sozusagen›, *kedéj* ‹damit, um zu›, *járschenen* ‹erben›, *cháßmenen* ‹unterschreiben, signieren›, *ójfn* ‹Art, Weise, Manier›, *kedáj* ‹lohnenswert›, *pschíte!* ‹gewiss, sicher› (auch mit ironischem Unterton). Abgesehen davon können die Grenzen zwischen «religiösen» und «säkularen» Bereichen ohnehin nicht klar gezogen werden.

Auch wenn der Gebrauch bestimmter hebräisch-aramäischer Wörter im Jiddischen Ausdruck von Gelehrsamkeit oder Zeichen für einen gehobenen Stil sein kann, heißt dies nicht, dass hebräisch-aramäische Wörter prinzipiell ein höher stehendes Register darstellen. Ausdrücke wie *kal-wechójmer (as)* ‹um so mehr (als)› und *hen … hen* ‹sowohl … als auch› werden nur in gehobener Rede verwendet, Wörter wie *behéjme* ‹Rind›, *cháser* ‹Schwein›, *chámer* ‹Esel›, *áseß-pònim* ‹unverschämter Mensch› und *schójte* ‹Idiot, Trottel› hingegen können aber zum Beispiel auch als Schimpfwort eingesetzt werden.

Ähnlich verhält es sich mit der Slawischen und der Deutschen Komponente. Namen von Pflanzen und Bäumen wurden oft aus den Umgebungssprachen direkt übernommen und sind daher im modernen Jiddisch meist, aber nicht ausschließlich, slawischer Herkunft. Im akademischen Stil und im Wortschatz der politischen Publizistik finden sich viele Wörter der Deutschen Komponente, aber auch slawische und hebräisch-aramäische Elemente sind vertreten. Im Allgemeinen kann man also nicht behaupten, dass für bestimmte semantische Felder ausschließlich Wörter und Ausdrücke aus einer einzelnen Komponente verwendet werden.

Wort für Wort – Komponentenbewusstsein

Die Existenz der Komponenten des Jiddischen wurde keineswegs erst von Wissenschaftlern entdeckt. Vielmehr haben Sprecher des Jiddischen seit jeher ein Wissen um die Herkunft vieler Wörter aus den einzelnen Quellsprachen – sie haben, wie die Jiddistik es ausdrückt, ein *erhöhtes Komponentenbewusstsein.* Dies ist nicht weiter verwunderlich, da die einzelnen Quellsprachen den Sprechern des Jiddischen in verschiedenen Lebensbereichen als selbständige Sprachen begegnen. Hebräisch und Aramäisch wurden in der traditionellen religiösen Erziehung vermittelt, wenn auch eher beiläufig. Schon kleine Mädchen und Jungen mussten die hebräischen Segenssprüche vor dem Essen und Trinken auswendig lernen und unterscheiden können, ebenso das Glaubensbekenntnis *kríschme* (hebr. *kiriàt schemá*). In der traditionellen religiösen Elementarschule, dem *chéjder,* lernten Jungen, die Wochenabschnitte der Bibel in Wort-für-Wort-Übersetzung (Hebräisch – Jiddisch) zu memorieren, zu rezitieren und zu verstehen (s. Kap. 2, S. 39). Fortgeschrittenen Schülern wurde das Lesen und Verstehen aramäischer Texte, nicht zuletzt des Talmud, beigebracht. Bei der Wort-für-Wort-Übersetzung wurde eine besondere Übersetzungssprache gebraucht, die überwiegend Wörter der Deutschen Komponente verwendete, das so genannte *tájtsch-loschn*. Auf diese Weise entwickelten die Heranwachsenden fast von selbst ein erhöhtes Bewusstsein für die Hebräisch-Aramäische und die Deutsche Komponente.

Die anderen Komponenten bleiben den Sprechern des Jiddischen so lange bewusst, wie sie sich in einer Situation der inneren und äußeren Mehrsprachigkeit mit den jeweiligen Quellsprachen befinden. In den vergangenen Jahrhunderten mussten sich die Jiddischsprecher in Osteuropa im Umgang mit christlichen Nachbarn und der Obrigkeit vor allem der slawischen Sprachen bedienen, zu bestimmten Zeiten bzw. in bestimmten Epochen aber auch Formen des Neuhochdeutschen. Ein erhöhtes Bewusstsein für die Slawische Komponente war daher in vergangenen Jahrhunderten bei den aschkenasischen Juden weit verbreitet. Der Kontakt mit dem Neuhochdeutschen, vor allem im 19. und 20. Jahrhundert, hat wiederum das Bewusstsein für die verschiedenen Schichten der Deutschen Komponente geschärft. Es ist allerdings mehr als zweifelhaft, ob die Sprecher des Jiddischen in den vergangenen siebenhundert Jahren noch ein besonderes Gespür für die Wörter der Romanischen Komponente besessen haben.

Das erhöhte Komponentenbewusstsein der Sprecher des Jiddischen erstreckt sich vor allem auf den Bereich des Wortschatzes, weniger den der Morphologie. Die Mehrzahlendung *-im* wird von ihnen z. B. ohne Weiteres als aus dem Hebräischen stammend erkannt. Von einem erhöhten Komponentenbewusstsein in Bezug auf die Tiefenstrukturen der Sprache (wie z. B. Syntax) ist dagegen nichts bekannt.

Natürlich wandelt sich ein solches Sprachbewusstsein im Laufe der Geschichte. Wissen um die Herkunft eines Wortes kann verlorengehen und durch Volksetymologien und Neuinterpretationen ersetzt werden. Für die alltägliche Verständigung, aber auch in vielen anderen Situationen des Sprachgebrauchs, ist es im Jiddischen ebenso wie in anderen Sprachen nicht erforderlich.

Die Intensität des Komponentenbewusstseins ist zudem bis heute abhängig vom Bildungsstand der Sprecher und damit oft auch von deren Geschlecht. Rabbiner und in den traditionellen religiösen Schriften gelehrte Juden, die vergleichsweise viel Hebräisch und Aramäisch können, haben natürlich ein umfangreicheres Wissen um die Herkunft von Wörtern der Hebräisch-Aramäischen Komponente als andere. Hier verfügen sie über einen größeren Wortschatz und setzen diesen häufig auch bewusst ein. Bei anderen reicht die Bildung vielfach lediglich aus, die Herkunft solcher Wörter aus dem Hebräischen und Aramäischen erkennen zu können, nicht aber, um sie alle zu verstehen. Das Bewusstsein für die Hebräisch-Aramäische Komponente wird zudem dadurch verstärkt, dass die dazu gehörigen Wörter im Jiddischen bis heute eine eigene Orthographie haben.

Die einzelnen Quellsprachen der inneren und äußeren Mehrsprachigkeit haben bis heute bei den Sprechern des Jiddischen einen unterschiedlich hohen Status. Dies färbt auch auf das Prestige der einzelnen Komponenten ab, soweit sie den Sprechern bewusst sind. Der traditionell hohe Status des Hebräischen und Aramäischen führte dazu, dass der häufige und zahlreiche Gebrauch bestimmter Wörter dieser Komponente im Jiddischen bis heute als Zeichen für einen gehobenen Stil gilt. Die verschiedenen Stilebenen im Jiddischen werden aber weniger durch die Komponenten als solche bestimmt als vielmehr durch die verschiedenen Sprach- und Wortregister.

Das älteste jiddische Reimpaar:
Gut tak im betáge
ßwer diß máchser in beß-haknéßeß tráge
Ein guter Tag sei dem beschieden,
der dieses Feiertagsgebetbuch in die Synagoge trägt!

2. Aschkenas – Ursprung und Verbreitung des jiddischen in Europa

Der älteste überlieferte jiddische Satz ist ein gereimter Segenswunsch in einem *máchser* (hebr. *machsór*), einem Gebetbuch für die Feiertage, aus dem Jahre 1272. Die reich verzierte und kunstvoll gestaltete Handschrift befand sich jahrhundertelang im Besitz der jüdischen Gemeinde Worms und ist daher als «Wormser Machsor» bekannt. Die Gebete im synagogalen Gottesdienst werden bei den Juden traditionell auf Hebräisch und Aramäisch *(loschn-kójdesch)* gesprochen. Der jiddische Satz selbst gehört nicht zum Kanon der liturgischen Gebete, sondern wurde als Verzierung in die Buchstaben des großgeschriebenen Anfangswortes eines Gebetes eingebaut.

Die hebräische Schrift

Jiddisch wird seit jeher in hebräischen Buchstaben (von rechts nach links) geschrieben, so auch dieser Segensspruch. Juden gebrauchten die hebräische Schrift seit der Antike. Die in Hebräisch und Aramäisch verfassten Texte des religiösen Kanons und der rabbinischen Gelehrsamkeit bildeten den Mittelpunkt der entstehenden aschkenasischen Kultur. Bei den aschkenasischen Juden war das Erlernen der eigenen, hebräischen Schrift ein unverzichtbarer Bestandteil der traditionellen Erziehung. Nur über Bildung in den religiösen Schriften konnte das Gebot «und lehrt sie [diese Worte] eure Kinder, dass du davon redest, wenn du in deinem Hause sitzt oder unterwegs bist, wenn du dich niederlegst und wenn du aufstehst» (Dtn 11,19) erfüllt und damit die eigene Religion bewahrt werden. Daher wurden Jungen in der Bibel und auch im Talmud unterrichtet. Um die zentralen hebräischen und aramäischen Gebete sprechen zu können, lernten sie als erstes das hebräische Alphabet. Die Mädchen sollten zumindest die hebräische Schrift lesen können. Schreibkenntnisse waren für die Einhaltung der religiösen Gebote zwar nicht erforderlich, aber weit verbreitet. Daher ist es nicht weiter verwunderlich, dass die aschkenasischen Juden die hebräische Schrift auch untereinander für Schriftstücke in ihrer alltäglichen Umgangssprache gebrauchten, nicht anders als zum Beispiel die arabischen und persischen Juden jener Zeit. Dagegen waren breite Schichten der christlichen Bevölkerung in ihren eigenen Sprachen deutlich weniger alphabetisiert. In den meisten Bereichen des alltäglichen Umgangs mit Christen genügte im Hochmittelalter das gesprochene Wort. Daher kamen die meisten Juden ohne Kenntnis der von den Christen gebrauchten Lateinschrift und deren Abwandlungen aus.

Für die Wörter der Hebräisch-Aramäischen Komponente wurde die in den kanonischen Texten dieser Sprachen gebrauchte Schreibweise im Jiddischen beibehalten. Für die Wörter der anderen Komponenten wurde der Gebrauch der hebräischen Schrift, die ursprünglich nur Konsonanten kennt, angepasst: Bestimmte Buchstaben und Buchstabenkombinationen wurden nun auch zur Wiedergabe von Vokalen und Diphthongen eingesetzt. So konnten Wörter aus der Umgangssprache mehr oder weniger so geschrieben werden, wie sie ausgesprochen wurden.

Wie im Hebräischen besitzen einige der Buchstaben neben ihrer Grundform noch eine weitere, die ausschließlich am Wortende eingesetzt wird – die sogenannten Schlussbuchstaben. Auch ist im Jiddischen eine Schreibung der Wörter mit Vokalpunktierung möglich, diese wurde in älterer Zeit aber nur sehr selten eingesetzt. Die Aussprachen verschiedener Buchstaben, die im Hebräischen in biblischer Zeit unterschiedliche Laute bezeichnet haben, sind im Jiddischen zusammengefallen (vgl. Tabelle S. 176–177).

Der Segenswunsch von 1272 ist nicht das älteste erhaltene Sprachdenkmal des Jiddischen überhaupt. An den Rändern hebräisch-aramäischer Bibel- und Talmudkommentare finden sich (ebenfalls in hebräischer Schrift) so genannte Glossen, d. h. Übersetzungen und kurze Erklärungen schwieriger oder wenig bekannter Wörter des Originaltextes in der Umgangssprache.

Für die aschkenasischen Juden waren Bibel- und Talmudkommentare in erster Hinsicht Gebrauchstexte. Je nach eigenem Wissen oder Bedürfnis fügten die Besitzer Glossen mit Erklärungen und Übersetzungen hinzu oder ließen sie beim Kopieren einfach weg, wenn sie ihnen unverständlich oder überflüssig erschienen. Wurden die Glossen einem bedeutenden Gelehrten zugeschrieben, achteten die Kopisten allerdings darauf, sie beim Abschreiben zu bewahren. Daher lässt sich nicht immer feststellen, in welchem Stadium der Überlieferung solche Glossen in ein Kommentarwerk aufgenommen wurden. Sie können jedoch bedeutend älter sein als die früheste überlieferte Handschrift.

Die wohl einflussreichsten rabbinischen Kommentare zu Tora und Talmud, in denen sich auch jiddische Glossen finden, stammen von Rabbi Salomo ben Isaak, genannt Raschi (um 1040–1105). Raschi, ein Gelehrter aus Troyes in der Champagne, studierte in seiner Jugend in Mainz und Worms. Zurück in Troyes begann er, die zu seiner Zeit gelehrten Bibel- und Talmudauslegungen zu einem Kommentarwerk zusammenzustellen, das seitdem zu einem festen Bestandteil des Tora- und Talmudstudiums geworden ist. Die älteste erhaltene Handschrift eines Raschi-Kommentars mit jiddischen Glossen wird auf 1190 datiert. Wir wissen nicht, ob die in Raschis Kommentaren vorhandenen jiddischen Glossen von ihm selbst stammen oder von seinen Schülern, die an der Niederschrift beteiligt waren. Jedoch handelt es sich eindeutig nicht um spätere Zusätze. Sämtliche Glossen stammen aus der Entstehungszeit dieser Werke und werden seit jeher in den meisten Abschriften und Drucken mit aufgeführt. Von allen Glossen in Raschis Kommentaren sind nur etwa dreißig jiddisch, der überwiegende Teil der Übersetzungswörter ist (jüdisch-)französisch.

Die vermutlich frühesten jiddischen Glossen stammen aus Abschriften des sogenannten «Mainzer Kommentars». Dieser Talmudkommentar geht auf die Lehren des Rabbi Gerschom Me'or ha-Gola («Leuchte des Exils», um 960–1028) zurück. Rabbi Gerschom, der in Metz geboren wurde, lehrte lange Jahre in Mainz. Ob Rabbi Gerschom den Talmudkommentar eigenhändig verfasst hat oder ob Schüler ihn nach seinen Lehren zusammengestellt haben, lässt sich nicht mehr ermitteln, da die älteste erhaltene Handschrift aus dem Jahr 1292 stammt. In jedem Fall ist der Kommentar spätestens von der zweiten Generation seiner Schüler niedergeschrieben worden.

Diese Glossen belegen mehr als die einfache Tatsache, dass die aschkenasischen Juden in Mainz und Worms im 11. Jahrhundert bereits Jiddisch sprachen. Sie zeigen, dass das Jiddische bei ihnen nicht nur eine Umgangssprache für alltägliche Belange war, sondern auch beim Studium religiöser Schriften gebraucht wurde.

Wenn wir über die ersten, spärlichen Sprachdenkmäler hinaus die Anfänge des Jiddischen beleuchten wollen, sind wir darauf angewiesen, die Geschichte ihrer Sprecher, der aschkenasischen Juden, anhand außersprachlicher Quellen und Dokumente nachzuzeichnen.

Bereits im 9. und 10. Jahrhundert ist die Anwesenheit von Juden im nordwestlichen und mittleren Europa belegt. Die frühesten Quellen erwähnen meist nur einzelne Kaufleute, die im Fernhandel tätig waren, einige von ihnen mit Familie. Ab dem 10. Jahrhundert finden sich bereits konkrete Belege für die Existenz jüdischer Gemeinden mit geordneten, auf dauerhafte Anwesenheit angelegten Institutionen. Die Anfänge der jüdischen Gemeinde Mainz, bis in das späte 11. Jahrhundert die wichtigste nördlich der Alpen, lassen sich bis in das Jahr 917 zurückverfolgen. Weitere jüdische Gemeinden des 11. Jahrhunderts waren Speyer, Worms, Köln, Trier, Regensburg, Erfurt und Prag.

Nach Meinung von Historikern kamen die jüdischen Einwanderer vor allem aus Nordfrankreich. Ein weiterer Zustrom erfolgte entlang der Donau und über die Alpen. Mit der Zeit fassten die jüdischen Einwanderer die von ihnen begründeten Gemeinden im mittelalterlichen Deutschland als eine eigene Gemeinschaft auf und grenzten sich auch durch ihre Selbstbezeichnung von den jüdischen Gemeinden anderer Länder ab. Ab dem 12. Jahrhundert wird in hebräischen Quellen zwischen deutschen Juden – *Aschkenasim* – und französischen Juden – *Zorfatim* – unterschieden.

Das mittelalterliche Deutschland nannten die Juden Aschkenas (hebr. *Aschkenás*, jidd. *Áschkenas*). Dieser Name stammt aus der Bibel. In der Völkertafel von Gen 10,3 sowie in 1Chr 1,1–5 wird Aschkenas zu den Nachkommen von Noahs Sohn Jafet gezählt. In der jüdischen (später auch in der christlichen) Überlieferung wurde Jafet zum Stammvater der Völker, die nördlich von Israel lebten. In Jeremia 51,27 wird das Volk des Königreichs Aschkenas zusammen mit anderen Völkern zum Krieg gegen Babylon aufgerufen. In Spätantike und Mittelalter haben jüdische Gelehrte wiederholt versucht, die Völkernamen der Bibel mit dem jeweils zeitgenössischen geographischen Wissen in Einklang zu bringen, während jüdische Zuwanderer die biblischen Völker- und Ortsnamen einfach auf die Länder übertrugen, in denen sie sich niederließen. Auf diese Weise wurde Deutschland mit Aschkenas gleichgesetzt, das mittelalterliche Frankreich wurde Zorfat (hebr. *Zorfát*, jidd. *Zórfeß*) genannt, und die Iberische Halbinsel hieß Sefarad (hebr. *Ssefarád*, jidd. *Ssfard*) (nach den Ortschaften aus Obadja 20).

Im mittelalterlichen Aschkenas entstand eine spezifisch jüdische Kultur mit eigenem Brauchtum und eigenen religiösen Traditionen. Mit den anderen jüdischen Gemeinschaften blieb das aschkenasische Judentum dennoch durch zahlreiche kulturelle Bande verbunden. Zum gemeinsamen Erbe zählen natürlich der jüdische Kalender mit der Schabbatruhe und den Feiertagen, zentrale Bräuche wie Beschneidung und Bar-Mizwa, die Bücher der Hebräischen Bibel (die auch in den christlichen Kanon des Alten Testamentes aufgenommen wurden), die Mischna (Endredaktion frühes 3. Jh.), der Babylonische Talmud (um 500) und (mit kleinen Varianten) die Hauptgebete.

Durch die ganze Geschichte des aschkenasischen Judentums hindurch, besonders in der Zeit bis 1600, wurden zudem wiederholt

Einflüsse aus den anderen jüdischen Kulturkreisen aufgenommen und zum Bestandteil der eigenen Tradition gemacht. Eine bedeutende Rolle spielten Bibel- und Talmudkommentare. Neben dem Raschi-Kommentar erreichte der Torakommentar des Moses Alschech, der im 16. Jahrhundert in Adrianopel (heute Edirne) geboren wurde, in Saloniki studierte und in Safed (Galiläa) lehrte, weite Verbreitung.

Das moralphilosophische Hauptwerk des im maurischen Spanien lebenden Bachja ben Joseph ibn Pakuda (11. Jh.) wurde 1161 unter dem Titel *Chowòt ha-Lewawót* (‹Buch der Herzenspflichten›) aus dem Arabischen ins Hebräische übersetzt und gehörte seitdem bei den Aschkenasim zu den viel gelesenen Büchern. Ebenso beliebt war in Aschkenas das Geschichtswerk *Schèwet Jehudá* (‹Das Szepter Judas›, ca. 1520/25) von Salomo ibn Verga, der von der Iberischen Halbinsel stammte und nach 1497 in Rom lebte. Die weniger gebildeten Juden eigneten sich die wichtigsten Weisheiten und Lehrsätze der religiösen Kommentarliteratur sowie die talmudischen Legenden über das Werk *Ejn Ja'aków* (jidd. *Ejn-Jánkew*, ‹Der Brunnen Jakobs›) des Jakob ben Salomo ibn Habib an, der aus Kastilien stammte, eine Jeschiwa (Talmudschule) in Salamanca leitete und 1515/16 in Saloniki starb.

Auf der anderen Seite leisteten auch aschkenasische Juden einen Beitrag zur Weiterentwicklung der religiösen Lehre, der nicht auf den eigenen Kulturkreis beschränkt blieb. Die Generation der Schüler Raschis und ihre Nachfolger erweiterten – hauptsächlich in Frankreich und Deutschland – im 12. bis 14. Jahrhundert die Kommentarliteratur über den Talmud um die so genannten *Tossafót* (‹Zusätze›). Zu den Kommentatoren gehörten drei Schwiegersöhne Raschis, aber auch Isaak ben Ascher Halevi (2. Hälfte des 11. Jh./ Anfang des 12. Jh.), der eine Jeschiwa in Speyer leitete, und Meir ben Baruch von Rothenburg, der ca. 1215 in Worms geboren wurde, mehr als 40 Jahre in Rothenburg ob der Tauber wirkte und 1293 in kaiserlicher Gefangenschaft in Ensisheim starb. Die *Tossafót* werden, ebenso wie der Kommentar Raschis, bis heute in den großen Talmudeditionen abgedruckt. Dieser unmittelbare Austausch zwischen Aschkenasim und anderen Juden war deswegen möglich, weil die zentralen Texte in der allen jüdischen Gemeinschaften gemeinsamen Schriftsprache Hebräisch verfasst waren oder in sie übertragen wurden.

Die Verselbständigung des aschkenasischen Judentums gegenüber anderen jüdischen Gemeinschaften ist untrennbar mit der Entstehung der jiddischen Sprache verbunden, die auf mittelhochdeutschen Dialekten basiert. Der Einfluss der christlichen Umgebung beschränkte sich aber nicht auf die Sprache. Aschkenasische Juden nahmen Erzählstoffe, Liedgut, ja sogar Elemente des Volksglaubens in die eigene Kultur auf und passten sie den eigenen religiösen Vorstellungen an. Auf dem Gebiet der materiellen Kultur waren die Unterschiede zwischen Christen und Juden im Hochmittelalter eher gering. Sie trugen die gleiche Kleidung und richteten ihre Wohnung mit dem gleichen Hausrat ein. So findet sich die Sternform der traditionellen Schabbatlampe auch bei den Deckenleuchtern, die in den Sälen der christlichen Haushalte jener Zeit weit verbreitet waren.

Ausgrenzung, Bedrängungen, Verfolgungen und Vertreibungen griffen natürlich auch in das Leben der aschkenasischen Juden ein und trugen so zur Ausbildung einer eigenen Lebensform und Kultur bei. Als Reaktion auf die blutigen Verfolgungen der Kreuzzugszeit (ab 1096) entstand eine aschkenasische Frömmigkeitsbewegung, in der Askese und die Verehrung der Märtyrer, die den Tod der Zwangstaufe vorgezogen hatten, eine große Rolle spielten. Ein bedeutender Lehrer dieser Frömmigkeitsbewegung, der so genannten *Chassidèj Aschkenás* (‹die Frommen von Aschkenas›), war Juda ben Samuel von Regensburg (1150–1217), genannt «der Fromme», um den sich viele Legenden ranken.

Die Ursprünge des Jiddischen

Die historischen Quellen selbst geben keine unmittelbare Auskunft darüber, welche Sprachen die ersten jüdischen Zuwanderer und Einwohner vor dem 11. Jahrhundert in Deutschland sprachen. Vieles spricht dafür, dass sie die Sprachen ihrer früheren Aufenthaltsorte mitbrachten. Die meisten Forscher nehmen an, dass sich die jüdischen Einwanderer in ihren Herkunftsländern wohl in einer ähnlichen Situation der inneren und äußeren Mehrsprachigkeit befunden und die Sprachen dieser Länder in einer jüdischen Varietät gesprochen hatten.

Die Überlieferung zur Geschichte der Juden in den unmittelbaren Herkunftsländern ist für die Zeit bis zum 11. Jahrhundert allerdings lückenhaft. Daher lassen sich die Sprachverhältnisse der Juden dort nur ungenau und unvollständig rekonstruieren, und die Existenz jüdischer Varietäten bleibt umstritten. Wir wissen nur wenig über Wanderungsbewegungen und Perioden beständiger Ansässigkeit. Abgesehen davon können sich sprachliche und kulturelle Einflüsse auch auf neue Länder ausdehnen, ohne dass sich gleichzeitig eine große Zahl von Sprechern oder Kulturträgern aus dem Herkunftsland dort niederlassen muss (man denke nur an die Hellenisierung der antiken Welt oder die Amerikanisierung der modernen Welt).

Die Entstehung neuer Sprachen aus vorhergehenden vollzieht sich in der Regel über längere Zeiträume hinweg. Ein sprachgeschichtlicher Anfangspunkt lässt sich grundsätzlich nicht festmachen. Das Jiddische bildet in dieser Hinsicht keine Ausnahme. Die mitgebrachten Sprachen wurden nicht bei Ankunft in der neuen Heimat von einem Tag auf den anderen vollständig aufgegeben. Die Ursachen für die Entstehung der jiddischen Sprache sind in der inneren und äußeren Mehrsprachigkeit zu suchen, in der sich die aschkenasischen Juden von Beginn ihrer Niederlassung in Deutschland an befanden. Sie brachten eigene Sprachen mit, die ihre Umgangssprache weiterhin beeinflussten. Das Mittelhochdeutsche begegnete ihnen nicht als Hochsprache mit festen Normen, die ihnen in einem systematischen Schulunterricht vermittelt worden wären, sondern im gesprochenen Wort, in den Dialekten der christlichen Nachbarn. Diese mittelhochdeutschen Dialekte und Varietäten der Umgangssprache boten nicht für alle Bereiche des Lebens vorgefertigte Ausdrucksmittel. Dies galt insbesondere im Bereich der Religion, die mit ihren Vorschriften und Riten das tägliche Leben prägte. Mit dem Hebräisch-Aramäischen *(loschn-kójdesch)* besaßen die jüdischen Einwanderer bereits eine eigene Schrift- und Sakralsprache, deren Gebrauch auf ihre neue Umgangssprache abfärbte. Der Gedanke, eine ererbte Sakralsprache zu Gunsten einer Form des Deutschen aufzugeben, war den Juden des Hochmittelalters fremd. Darüber hinaus bestand auch kein Anlass, für sämtliche Lebensbereiche mittelhochdeutsche Ausdrücke nachzubilden und sich ausschließlich der Umgebungssprache zu bedienen, da eine vollständige Assimilation an die christliche Gesellschaft ohne Taufe ohnehin unmöglich war.

Die Wörter der Romanischen Komponente zeigen, dass ein großer Teil der ersten jüdischen Zuwanderer romanische Sprachen gesprochen hat. Im jiddischen Wortschatz haben sich bis heute z. B. die Verben *antschpójsn* ‹verloben› (vgl. ital. *sposare*, frz. *épouser*), *bentschn* ‹segnen› (vgl. ital. *benedicere*) und *léjenen* ‹lesen› (von altfrz. *lire*), die Substantive *mílgrojm* ‹Granatapfel› (vgl. klass.-lat. *malum granatum*, wahrscheinlich über das Jüdisch-Französische vermittelt), *pen* ‹Schreibfeder› (altfrz. *pene*) und *ßtírdeß* ‹Trotz› (vgl. Raschi: *estordizon*, jüd.-frz.) erhalten. Zahlreiche Wörter der Romanischen Komponente lassen sich eindeutig auf das Altfranzösische oder sogar ein mittelalterliches Jüdisch-Französisch zurückführen. Sie legen Zeugnis ab vom großen Einfluss der nordfranzösischen jüdischen Gemeinden auf die entstehende aschkenasische Kultur.

Bereits im ältesten überlieferten jiddischen Satz von 1272 tritt uns die Hebräisch-Aramäische Komponente als ein integraler Bestandteil des Jiddischen entgegen. Wir können davon ausgehen, dass sie schon in den frühesten Anfängen der Sprache vorhanden war. Ein starkes Indiz dafür findet sich in der (zusammengesetzten) Vergangenheitsform der periphrastischen Verben, die aus einem nicht-flektierten hebräisch-aramäischen Gegenwarts-Partizip und dem Hilfsverb *sajn* gebildet sind (s. Kap. 1). Die Vergangenheitsform dieser Verben mit *hobn* und *gewén* (z. B. *er hot mámschech gewén* ‹er hat weitergemacht›) entspricht genau dem aus dem Französischen bekannten Muster. Im Französischen, wie auch im Altfranzösischen, wird die vollendete Vergangenheit von ‹sein› (frz. *être*) allgemein mit dem Hilfsverb ‹haben› (frz. *avoir*) gebildet (frz. *j'ai été*). Anscheinend wurden die periphrastischen Verben beim Übergang von einer jüdischen Varietät des Französischen zum Jiddischen als Lehnübersetzung in die neue Sprache übernommen, bei der das hebräisch-aramäische Wort beibehalten und die Hilfsverben übersetzt wurden. Diese Abweichung vom deutschen Muster hätte sich nicht dauerhaft im Jiddischen halten können, wenn sie nicht von Anfang an weit verbreitet gewesen wäre.

Auf der einen Seite haben wir es also mit einer Kontinuität in der gesprochenen Sprache zu tun: Hebräisch-aramäische Elemente des Jüdisch-Französischen und anderer jüdischer Varietäten blieben in der neuen Umgangssprache lebendig. Auf der anderen Seite hat die eigene Sakral- und Schriftsprache die Hebräisch-Aramäische Komponente des Jiddischen unmittelbar bereichert: Die Segenssprüche, die täglichen Gebete und die Wochenabschnitte der Tora wurden im Original rezitiert. Jungen und Männer waren verpflichtet, die hebräische Bibel zu studieren; die Gebildeteren widmeten sich vor allem dem Studium des Talmud, der auf Aramäisch geschrieben ist. Es galt das Ideal des lebenslangen Lernens. Der intensive Umgang vor allem der Männer mit dem Hebräischen und Aramäischen festigte die Hebräisch-Aramäische Komponente im Jiddischen und führte obendrein dazu, dass sie durch neue Entlehnungen erweitert werden konnte.

Ein Teil der jüdischen Einwanderer der ersten Generationen kam, wie schon erwähnt, aus dem südöstlichen Donaugebiet und dem böhmischen Raum und hat nachweislich eine slawische Sprache gesprochen. Dennoch sind slawische Elemente in den frühesten jiddischen Zeugnissen nur spärlich belegt, wie z. B. das Wort *tréjbern* für ‹Fleisch von Sehnen reinigen› (von alttschech. *triebiti*, vgl. mod.-tschech. *třibit*, poln. *trzebić* ‹reinigen›).

Bevor die Überlieferung zusammenhängender Texte einsetzt, lässt sich wenig Konkretes über die Deutsche Komponente des Jiddischen sagen. Die äußeren Umstände sprechen allerdings dafür, dass sie in ihren Anfängen eher uneinheitlich war. In den Städten, in denen Juden sich niederließen, wurden unterschiedliche mittelhochdeutsche Dialekte gesprochen. Jedoch bestanden zwischen den jüdischen Gemeinden vielfältige Kontakte. Ehen wurden auch über größere Entfernungen geschlossen. Zum Studium der religiösen Schriften zogen viele junge Männer in Städte, in denen einflussreiche Rabbiner lehrten. Nicht selten warben jüdische Gemeinden Lehrer und Rabbiner aus der Fremde an. Erwerbsmöglichkeiten in anderen Städten führten zur Gründung neuer Gemeinden, die Geschäftsbeziehungen und familiäre Bande mit den Herkunftsstädten aufrechterhielten. Viele jüdische Gemeinden waren allerdings zahlenmäßig klein und die Ansässigkeit der Juden nicht immer von Dauer. Erste Vertreibungen fanden bereits im 11. Jahrhundert statt. Seit den Kreuzzügen (ab 1096) waren jüdische Gemeinden wiederholt Verfolgungen ausgesetzt. Im Hochmittelalter blieben diese Vertreibungen in den meisten Fällen noch zeitlich begrenzt: Ein Teil der jüdischen Bevölkerung kehrte zurück, oft mit Neuzuwanderern.

In der Deutschen Komponente bildete sich zu dieser Zeit ein religiöser Sonderwortschatz heraus, der durch die vielfältigen Verbindungen nicht regional beschränkt blieb. Wörter deutscher Herkunft erweiterten ihre Bedeutung und konnten für spezifisch jüdische Erscheinungen gebraucht werden (z. B. *úfrufn* ‹zur Toralesung aufrufen›). Die eigene jüdische Lebensweise und Kultur gab aber auch auf indirektem Weg den Anstoß zu Bedeutungserweiterungen, Bedeutungsverschiebungen und Wortneuschöpfungen in der Deutschen Komponente, die nicht alle dem Bereich des Religiösen oder des Brauchtums zuzuordnen sind.

Der Einfluss des chéjder *und der Bibelübersetzung*

Eine wichtige Rolle bei der Entwicklung des Jiddischen nahm das traditionelle jüdische Erziehungswesen ein, das sich in seinen Grundzügen bis in die ersten beiden Jahrhunderte unserer Zeitrechnung zurückverfolgen lässt. Von den Anfängen der aschkenasischen Kultur bis in die Neuzeit hinein – zum Teil noch im 20. Jahrhundert – besuchte jeder Junge entweder die religiöse Grundschule, den *chéjder*, oder wurde von seinem Vater oder einem Hauslehrer in den religiösen Schriften, vor allem in der Tora und dem Talmud, unterrichtet. Im Mittelalter waren die ersten vier Schuljahre dem Bibelstudium gewidmet. Die Kinder lernten den Text der Hebräischen Bibel, indem sie ihn in kleinen Abschnitten zusammen mit einer begleitenden Wort-für-Wort-Übersetzung memorierten und rezitierten.

Ein Beispiel. Gen 1,1 «Im Anfang schuf Gott Himmel und Erde» lautet in der modernen aschkenasisch-hebräischen Aussprache: *Breschíß boró elohím eß ha-schomájim we-éß ho-órez.* Im *chéjder* lernten die Kinder: *Breschíß – in erschtn/boró – er hot baschäfn/ elohím – got/eß ha-schomájim we-éß ho-órez – di himl* [Plural] *un di erd.*

Für solche Wort-für-Wort-Übersetzungen entwickelte sich ein besonderer Wortschatz, das so genannte *tájtsch-loschn* (‹Übersetzungssprache›). Ein charakteristisches Merkmal dieser Übersetzungssprache ist es, dass sie überwiegend Wörter der Deutschen Komponente verwendet und keine der Hebräisch-Aramäischen. Aus Prinzip blieb dabei kein hebräisches Wort unübersetzt, selbst dann, wenn das Wort den Kindern aus der Umgangssprache bereits geläufig war. Hebr. *mélech* (jidd. *méjlech*) – ‹König› wurde z. B. durch *kínig*, hebr. *mesusá* (jidd. *mesúse*) – ‹Türpfosten› durch *bájschtidl* übersetzt. Viele *tájtsch-werter*, wie z. B. *bájschtidl* in der Bedeutung ‹Türpfosten›, haben sich im modernen Jiddisch erhalten. Andere, wie z. B. *bájschpiler* ‹Erzähler von *bájschpiln* (Gleichnissen, Lehrerzählungen)›, gerieten im gesprochenen Jiddisch außer Gebrauch und begegneten den Jungen nur noch im *chéjder*.

Beim Übersetzen achtete man darauf, ein hebräisches Wort möglichst immer durch ein und dieselbe Entsprechung wiederzugeben (Prinzip der Lexemkonstanz). Das hebräische Wort *dawár* hat z. B. zwei unterschiedliche Bedeutungen: ‹Wort, Rede› und ‹Sache, Ding›. In der jiddischen Tradition des Bibelübersetzens wurde das erste Bedeutungsfeld vor allem durch *rejd*, selten durch *wort* wiedergegeben, aber beide Wörter blieben der jiddischen Sprache erhalten. Im zweiten Bedeutungsfeld wirkte sich das Prinzip der lexemkonstanten Übersetzung folgenreich aus: *Dawár* wurde als *sach* und nicht als *ding* übersetzt, weil es im hebräischen Original vor allem für Rechtsangelegenheiten gebraucht wird. Diese Bevorzugung von *sach* griff infolge des intensiven und über Generationen aufrechterhaltenen Unterrichts von der Bibelübersetzungssprache allmählich auf die Alltagssprache über oder hat in ihr bereits vorhandenen Tendenzen zumindest zum Durchbruch verholfen. Das moderne Jiddisch kennt *ding* nicht mehr als selbständiges Substantiv, lediglich als Bestandteil von Verbindungen wie *álzding* ‹alles›.

Dass eine Bibelübersetzungstradition derart Einfluss auf das Verschwinden von Wörtern haben kann, sollte nicht weiter überraschen, wenn man zum Vergleich an die Bedeutung Luthers für die Entwicklung der hochdeutschen Schriftsprache denkt. In der jiddischen Kultur setzte der Einfluss der Bibelübersetzungstradition bereits vor der Epoche des Buchdrucks ein.

Manche längstverdrängten Wörter wurden in späterer Zeit aus dem Neuhochdeutschen wiederentlehnt. Man vermied z. B. in der jiddischen Bibelübersetzung das Wort *gajßt* ‹Geist›, weil es zu starke Anklänge an die christliche Dreifaltigkeitslehre hatte. Stattdessen übersetzte man hebr. *rúach* [*elohím*] ‹der Geist [Gottes]› (Gen 1,2) mit *wint* ‹Wind›, *ótem* ‹Atem› (beide DtK) oder sogar mit *nevúe* ‹(Geist der) Prophetie› (HAK).

Viel augenfälliger wirkte sich ein anderes Übersetzungsprinzip aus: Das Übersetzen von unterschiedlichen Wörtern mit derselben hebräischen Wurzel durch Wörter mit demselben deutschen Stamm (Prinzip der wurzelkonstanten Übersetzung). Für das hebräische Verb *malách* – ‹herrschen›, das nach dem Verständnis der aschkenasischen Gelehrten von dem Substantiv *mélech* ‹König› abgeleitet ist, wurde im Jiddischen aus dem Substantiv *kínig* das Verb *kínign* gebildet. Viele dieser Neuprägungen wie das Verb *kínign* ‹herrschen› gingen dauerhaft in die jiddische Alltagssprache ein.

Im Hebräischen können zu einer Wurzel verschiedene Konjugationsmuster (hebr. *binjaním*) gebildet werden, um unterschiedliche Modi (z. B. aktiv/passiv) und Aspekte (z. B. Intensivität) einer Handlung auszudrücken. In der jiddischen Bibelübersetzung wurden diese Bedeutungsunterschiede häufig durch die Wahl unterschiedlicher oder zusätzlicher Vorsilben zu jeweils demselben Wortstamm eines Verbs sichtbar gemacht. So wählte man nach einem Konjugationsmuster für die hebräische Wurzel *bosch* ‹sich schämen› – jidd. *(sich) schémen* – für die transitive Bedeutung ‹beschämen› als Übersetzungswort *farschémen*. Weil *farschémen* in der Bibelübersetzungssprache häufig gebraucht wurde, blieb es in dieser Bedeutung auch im gesprochenen Jiddisch bis in die Gegenwart lebendig. Im Deutschen ging *verschämen* (mhd. *verschamen*, *verschemen*) ‹jmd. beschämen›, auch ‹schamlos machen› als Verb jedoch unter (bis auf Reste wie z. B. im Wort *unverschämt*). Auf diese Weise blieben im Jiddischen viele Verbformen und -bedeutungen erhalten, deren Entsprechungen aus dem Deutschen längst verschwunden sind.

Darüber hinaus müssen schon sehr früh auch neue Verbformen gebildet worden sein, die sich nicht aus dem zeitgenössischen Deutsch herleiten lassen. Die hebräische Form *hizlíach* ‹Erfolg, Glück haben›, die den Aspekt des Veranlassens oder des Bewirkens (Faktivität) ausdrückt, wurde mit *baglíkn* übersetzt. Das deutsche Wort *beglücken* ‹jmd. (mit etwas) glücklich machen› ist dagegen erst im späten 15. Jahrhundert zum ersten Mal belegt und bedeutet obendrein nicht genau dasselbe. Im modernen Jiddisch hat *baglíkn* neben ‹Erfolg, Glück haben› auch die Bedeutung ‹jmd. (mit etwas) glücklich machen›. Dies ist auf einen späteren Einfluss des Neuhochdeutschen zurückzuführen.

In einigen Fällen führte die Bibelübersetzungstradition sogar zu Bedeutungsveränderungen oder -verschiebungen. Jidd. *ékdesch* ‹Skorpion› bezeichnete z. B. ursprünglich eine Eidechse (vgl. mhd. *egedëhse*). Weil nördlich der Alpen keine Skorpione lebten, waren die ersten jiddischen Bibelübersetzer um ein passendes *tájtsch-wort* aus der Deutschen Komponente verlegen. Sie wählten die Eidechse, weil dieses Tier nach dem mittelalterlichen Volksglauben wie ein Skorpion mit seinem Schwanz stechen konnte. Mit der Zeit ersetzte die neue Bedeutung die alte vollständig. Die richtige Eidechse heißt im modernen Jiddisch *jáschtscherke* (SlK).

Auch die Grammatik blieb von den Lehrmethoden im *chéjder* nicht unberührt. Beim Rezitieren des Bibeltextes wurden die Einheiten des Originals möglichst genau in Zahl und Reihenfolge übersetzt. Hebr. *ha-maór hagadól* – «das große Licht» (Gen 1,16) wurde im *chéjder* als *doß licht doß grójße* übersetzt. Diese Konstruktion fand im gesprochenen Jiddisch weite Verbreitung: *an ójto a nájer* – ‹ein neues Auto›. Sie ermöglicht es dem Sprecher, das Adjektiv in seiner Rede hervorzuheben.

Die Bibelübersetzungstechnik hat über die gesamte jiddische Sprachgeschichte dauerhafte Spuren in der Deutschen Komponente hinterlassen und zu deren Eigenständigkeit gegenüber den deutschen Dialekten und der deutschen Schriftsprache beigetragen.

Im 12. und 13. Jahrhundert verschlechterte sich die Situation der Juden im Heiligen Römischen Reich, das zu jener Zeit das heutige Deutschland, die Niederlande, Österreich, die Schweiz, Böhmen und Mähren sowie Teile des heutigen Frankreichs und Italiens umfasste, tiefgreifend. Juden waren aus den städtischen Zünften, in die nur Christen aufgenommen werden konnten, ausgeschlossen. Als Haupterwerbszweige blieben ihnen nur noch Geldverleih und Pfandleihe. Die Stellung der Juden im risikoreichen Fernhandel scheint dagegen kaum eingeschränkt worden zu sein. In jener Zeit finden wir Juden auf der Kölner Messe, aber auch im Handel mit den osteuropäischen Ländern.

Die katholische Kirche forderte auf dem IV. Laterankonzil von 1215, die geschäftlichen Verbindungen und den Umgang von Juden mit Christen durch Gesetze einzuschränken. Juden sollten zu öffentlichen Ämtern nicht zugelassen werden, nur bestimmte Berufe ausüben dürfen und durch besondere Kleidungsmerkmale zu erkennen sein. In den folgenden Jahrhunderten wurden verschiedene solcher Kleidervorschriften eingeführt, deren bekannteste der spitze Judenhut – eigentlich zunächst eine von den Juden selbst bevorzugte Tracht – und der Gelbe Fleck sind.

Religiöse Unruhen, soziale Spannungen und wirtschaftliche Unsicherheit förderten die Ausgrenzung der «Andersgläubigen» im christlichen Europa. Der Judenhass wurde zu einem Teil der christlichen Volksfrömmigkeit; er entlud sich in Übergriffen, Verfolgungen, Massakern und Vertreibungen. Mit Verleumdungen über angebliche Ritualmorde und Hostienschändungen wurde das Judentum zunehmend dämonisiert. Neben religiösen spielten aber auch wirtschaftliche Motive, wie der angebliche Judenwucher, zunehmend eine Rolle.

Bis zur Mitte des 14. Jahrhunderts nahm die jüdische Bevölkerung im Reich beständig zu. Bis in den ländlichen Raum hinein finden sich jüdische Niederlassungen unterschiedlicher Größe; auch die wenig entwickelten Städte Ost- und Mitteldeutschlands boten noch einen gewissen Raum für neue Gemeindegründungen.

Bis 1348 lebten die aschkenasischen Juden vor allem im Rheinland, Oberdeutschland und Franken, in geringerer Zahl in Bayern, dem Elsass, der Schweiz und im Norden Deutschlands. In Schlesien, Mähren und Niederösterreich wiederum war die jüdische Besiedlung verhältnismäßig dicht.

Seit den ersten Kreuzzügen begannen sich aschkenasische Juden auch in benachbarten Reichen, allen voran Polen, dauerhaft niederzulassen. Nach dem Mongolensturm (1241) versuchten die polnischen Herrscher, das stark entvölkerte und unerschlossene Land wieder zu besiedeln und wirtschaftlich zu entwickeln. Zu diesem Zweck verstärkten sie die Anwerbung von bäuerlichen Siedlern, Handwerkern, Kaufleuten und Spezialisten aller Art aus dem Westen, nicht zuletzt aus Deutschland. Den aschkenasischen Juden boten sich vor allem in den polnischen Städten neue Erwerbs- und Lebensmöglichkeiten. In der Slowakei, die damals zum Königreich Ungarn gehörte, nahm die Zahl der aschkenasischen Zuwanderer nach 1241 trotz vorhergehender Verfolgungen ebenfalls zu.

Die Pestepidemien, die von 1347 bis 1353 in Europa wüteten («Schwarzer Tod»), bedeuteten einen einschneidenden Wendepunkt für die Juden in Deutschland. Das Massensterben förderte die Verbreitung von Verschwörungstheorien. Die Juden wurden beschuldigt, die Pest durch Brunnenvergiftung zu verursachen. In der Folge brachen neue Wellen von Massenmorden und Vertreibungen über die europäischen Juden herein, die sich auch im 15. Jahrhundert fortsetzten. Nur an wenigen Orten im Heiligen Römischen Reich konnten sich die Juden noch dauerhaft niederlassen, auch erreichten die Gemeinden nicht mehr ihre frühere Mitgliederstärke. Die politische Zersplitterung Deutschlands verhinderte aber eine vollständige Vertreibung der Juden, wie sie in England, Frankreich, Spanien und Portugal in diesen Jahrhunderten stattfand. Manche lokalen Machthaber waren geneigt, ihre jüdischen Steuerzahler aus wirtschaftlichem Eigeninteresse vor Verfolgungen zu schützen, aber auch sie wichen häufig vor sozialen und religiösen Unruhen zurück oder nutzten sie opportunistisch aus.

Auf der Flucht vor den Verfolgungen und auf der Suche nach besseren Lebensbedingungen verließen Juden Deutschland in großer Zahl. Im 14. und 15. Jahrhundert lebte eine größere Zahl aschkenasischer Juden in Nord- und Mittelitalien, vor allem in den Städten. Insgesamt gesehen verschob sich der kulturelle und demographische Schwerpunkt des aschkenasischen Judentums jedoch immer weiter nach Osten. In allen Regionen Polens, einschließlich der Grenzgebiete zur Ukraine, entstanden neue aschkenasische Gemeinden. Seit das Großfürstentum Litauen, das auch Teile des heutigen Belarus umfasste, durch die Heirat des Großfürsten Jagiełło mit der polnischen Königin Jadwiga in Personalunion mit Polen verbunden wurde (1386), ließen sich aschkenasische Juden dort auch in größerer Zahl nieder.

Die wiederholten erzwungenen Wanderungen veränderten die Sprachverhältnisse der aschkenasischen Juden grundlegend. Die Umgangssprache der ersten Aschkenasim war vermutlich noch mehr oder weniger stark durch die jeweiligen deutschen Dialekte der Umgebung geprägt. In der Zeit der Vertreibungen kamen sie nun innerhalb weniger Generationen mit wechselnden und sehr unterschiedlichen deutschen Dialekten und jüdischen Varietäten des Deutschen in Berührung. Durch diese Kontakte glichen sich die sprachlichen Unterschiede in der Deutschen Komponente der entstehenden jiddischen Sprache zum großen Teil aus. Das Jiddische weist daher Merkmale auf, die unterschiedlichen deutschen Dialekträumen entstammen. Wie im Oberdeutschen finden wir im Jiddischen z. B. *mir* in der Bedeutung ‹wir› und den Wegfall des unbetonten *-e* am Wortende bei Substantiven wie *der jid* ‹der Jude›, *di sun* ‹die Sonne›. Wie im Ostmitteldeutschen zeigt das Jiddische den Anlaut auf *f-* in Wörtern wie *ferd* ‹Pferd› und ein *p* in *epl* ‹Apfel› und *kop* ‹Kopf›. Das Wort *épeß* ‹etwas› findet sich auch in ähnlich klingender Form sowohl in mittel- als auch in oberdeutschen Dialekten.

Durch den überdialektalen Ausgleich innerhalb der Deutschen Komponente vereinheitlichte sich die Umgangssprache der aschkenasischen Juden weitgehend und verselbständigte sich gleichzeitig gegenüber allen Formen des Deutschen. Diese Entwicklung wurde durch den oben beschriebenen Einfluss der Bibelübersetzungssprache noch verstärkt. Innerhalb der Hebräisch-Aramäischen und der Romanischen Komponente des Jiddischen haben während dieser Entwicklungsphase vermutlich ähnliche Ausgleichsbewegungen stattgefunden. Die fortwährende Ausgrenzung und auch die selbstgewählte Abschottung der Juden haben zur Festigung der Sprachmuster des Jiddischen beigetragen.

Um 1500 lebte die Mehrheit der Aschkenasim in Ländern, in denen Polnisch, Tschechisch sowie Formen des Weißrussischen und Ukrainischen gesprochen wurden. Auch wenn das Jiddische ihre Haupt- und das Hebräisch-Aramäische ihre Sakralsprache blieb, waren Kenntnisse in den slawischen Umgebungssprachen für sie mittlerweile unverzichtbar.

In den osteuropäischen Ländern waren sie zu Beginn der Einwanderung auf andere Gruppen von Juden gestoßen, die slawische Sprachen gebrauchten. Groß kann deren Zahl nicht gewesen sein, da letztere sich an das aschkenasische Judentum assimilierten und die jiddische Sprache übernahmen. Die slawischen Umgangssprachen dieser voraschkenasischen Juden müssen das Jiddische beeinflusst haben, jedoch lässt sich dieser Einfluss mangels ausreichender Quellen nicht von dem allgemeinen Einfluss der neuen slawischen Umgebungssprachen unterscheiden.

Das Deutsche begegnete den Aschkenasim in einer Reihe ostmitteleuropäischer Städte noch als Sprache einer einflussreichen Minderheit. Das deutsche Stadtbürgertum in Polen war allerdings schon dabei, die deutsche Sprache zugunsten des Polnischen aufzugeben. Zu diesem Zeitpunkt war die Entstehungsphase des Jiddischen bereits abgeschlossen.

3. *Meme* oder *mame:* West- und Ostjiddisch

Mit der Ausbreitung der aschkenasischen Kultur über weite Teile Europas entstand eine vielgestaltige jiddische Sprach- und Dialektlandschaft. Die Außengrenzen dieses historischen jiddischen Sprachgebietes in Europa veränderten sich über die Jahrhunderte. In Ostmittel- und Osteuropa dehnte sich das Sprachgebiet beständig aus. In Nord- und Mittelitalien hielten die Aschkenasim dagegen nur bis ins 16. Jahrhundert an der jiddischen Sprache fest. Im Westen konnte eine größere Zahl von Aschkenasim ab dem 17. Jahrhundert vor allem in den Niederlanden wieder Fuß fassen. Dagegen blieb die Zahl der Jiddischsprecher im Norden Europas verschwindend gering.

Die Lebensbedingungen der Juden und ihre Kontakte mit der nichtjüdischen Welt unterschieden sich in den einzelnen Ländern und Regionen Europas beträchtlich; die aschkenasische Kultur und die jiddische Sprache blieben jedoch in ihren Grundzügen bis zur Aufklärung einheitlich.

In Deutschland lebten die meisten Juden nach 1500 in Dörfern und Kleinstädten. In vielen Territorien waren sie überhaupt nicht zugelassen. In den größeren Städten hatte in der Regel nur eine begrenzte Zahl von Juden Wohnrecht. Insgesamt blieb die freiwillige und unfreiwillige Mobilität bei den Juden in Deutschland aufgrund von Heiraten, der Suche nach Erwerbsmöglichkeiten, dem Studium an Talmudschulen, Handel, aber auch Ausweisungen und Vertreibungen hoch. Reisen und Umzüge über weite Räume kamen dabei nicht nur bei den besser gestellten Schichten vor.

In Polen waren die aschkenasischen Juden im Mittelalter vorwiegend in den größeren Städten ansässig. Als der «Schwarze Tod» das Land erreichte, blieben die Juden auch hier nicht von Verfolgungen und Vertreibungen verschont, und ihre Lage änderte sich grundlegend. Die großen Städte in Zentral- und Westpolen hatten sich im 15. und 16. Jahrhundert das *privilegium de non tolerandis Judaeis,* d. h. das Recht, keine Juden innerhalb ihrer Mauern dulden zu müssen, erstritten. Seit dieser Zeit lebten viele Aschkenasim in den Dörfern der Umgebung und neu gegründeten Vorstädten, wo sie durch den König oder lokale Machthaber angesiedelt wurden. Der größte Teil von ihnen fand jedoch neue Erwerbs- und Niederlassungsmöglichkeiten in den privaten Städten und auf den Ländereien, die die polnischen Magnaten in dieser Zeit gründeten. Viele dieser Orte lagen in der Ukraine, die im 14. Jahrhundert zum größten Teil an Polen und Litauen gefallen war.

Das aschkenasische Judentum in Litauen behielt seine kulturelle und sprachliche Eigenart auch nach der Lubliner Union von 1596 bei, in der Polen und Litauen staatsrechtlich zu einer in der Praxis vom Hochadel beherrschten Wahlmonarchie, der sogenannten Adelsrepublik, vereinigt wurden. In den vielsprachigen und multikulturellen Gesellschaften der osteuropäischen Staaten bildeten die aschkenasischen Juden eine eigene Gruppe, sie wurden sogar als ein eigener Stand bezeichnet. Auch wenn sie sich aus praktischen Gründen Kenntnisse in den Sprachen der Christen aneigneten, hielten sie doch an ihrer jiddischen Muttersprache fest. Das Jiddische war für sie ein Identitätsmerkmal, ein kulturelles und kommunikatives Band zu den Aschkenasim in anderen Ländern.

Wenn Minderheiten sich sprachlich assimilieren, übernehmen sie häufig auch die Kultur und Lebensweise derjenigen gesellschaftlichen Schicht, der sie sich von ihrer wirtschaftlichen Lage her entweder gleichwertig fühlen oder deren wirtschaftlichen und sozialen Status sie für sich selbst für erreichbar halten. Im östlichen Europa, wo die Grenzen zwischen Ständen oder zwischen Religionen bzw. Konfessionen häufig genug auch verschiedene Volksgruppen mit eigener Sprache voneinander trennten, fand sich keine Gruppe, an die sich die Aschkenasim als Ganzes hätten akkulturieren können. Das Los der leibeigenen Bauern, die im Westen Polen-Litauens mehrheitlich Polnisch, im Südosten mehrheitlich Ukrainisch und im Nordosten Belarussisch und Litauisch sprachen, war nicht erstrebenswert. Einen Lebensstil wie den des polnischsprachigen

Adels (bzw. jener Adligen, die nicht verarmt waren) konnten sich erst in späteren Jahrhunderten nur einige wenige Juden leisten. Mit dem politisch geschwächten Bürgertum der Städte in West- und Zentralpolen bestand nach den Vertreibungen nur ein eingeschränkter, geschäftlicher Kontakt. Vor allem in den südöstlichen Regionen der Adelsrepublik gab es überhaupt keine christliche städtisch-bürgerliche Schicht. Vielmehr spielten die Juden mit ihren Berufen und wirtschaftlichen Unternehmungen die Rolle eines «Ersatz-Bürgertums». Gerade weil sie eine ökonomische Mittlerfunktion einnahmen, mussten sie nach außen hin zwangsläufig vielsprachig sein, während nach innen kein Anlass bestand, ihre jiddisch-hebräische Zweisprachigkeit aufzugeben.

Auch in Deutschland bzw. dem Alten Reich hielten die Aschkenasim am Jiddischen fest. In den Städten Nord- und Mittelitaliens trafen sie jedoch auf alteingesessene italienischsprachige Juden, also auf eine Gruppe, an die sie sich sprachlich assimilieren konnten. Im Laufe des 16. Jahrhunderts gaben die Aschkenasim Italiens das Jiddische allmählich auf.

Die beiden Dialektgruppen

Jede neue Sprache, die die Aschkenasim sich für den Umgang mit Christen aneignen mussten, beeinflusste natürlich auch ihr gesprochenes Jiddisch, und zwar nicht nur auf der Ebene des Wortschatzes. Die neu hinzukommenden Umgebungssprachen haben die Ausbildung der verschiedenen jiddischen Dialekte mit beeinflusst, aber nicht im eigentlichen Sinne verursacht. Zum Teil hat bei der Ausbildung der Dialekte auch eine Rolle gespielt, dass der Ausgleich innerhalb der Deutschen Komponente am Ende der Entstehungsphase des Jiddischen nicht vollständig durchgeführt war.

Die einzelnen jiddischen Dialekte entwickelten sich nie soweit auseinander, dass Sprecher aus verschiedenen Gegenden sich nicht mehr gegenseitig hätten verstehen können. Die Geschwister und Kinder der Hamburger Kauffrau Glikl (1646–1724; vgl. auch Kap. 4, S. 77), bekannt als Glückel von Hameln, und ihres Mannes Chaim Hameln lebten zum Beispiel in weit auseinander liegenden

Städten wie Amsterdam, Prag, Lemberg, Berlin, Posen, Hannover, Frankfurt am Main, Metz und natürlich Hameln und konnten sich überall in ihrem Herkunftsdialekt verständigen. Dies sollte jedoch nicht darüber hinwegtäuschen, dass zu jener Zeit schon deutliche Dialektunterschiede bestanden.

Die Hauptdialektgruppen sind das Ost- und das im 20. Jahrhundert untergegangene Westjiddische. Die westjiddischen Dialekte wurden vorwiegend im deutschen Sprachgebiet gesprochen, die ostjiddischen hauptsächlich in Polen-Litauen einschließlich Belarus und der Ukraine, sowie in der Slowakei. Auch wenn die Dialektgrenzen zwischen West- und Ostjiddisch für die Aschkenasim kein unüberwindliches Verständigungshindernis darstellten, sind auf allen Ebenen der Sprache Unterschiede zwischen beiden Dialektgruppen erkennbar.

In der Deutschen und der Hebräisch-Aramäischen Komponente ist der Grundwortschatz zum überwiegenden Teil identisch. Dies gilt auch für Funktionswörter wie *áderabe* ‹im Gegenteil›, *afíle* ‹sogar›, *alz* ‹immer, ständig›, *beschá̈ß* ‹während›, *éfscher* ‹vielleicht›, *bifrát* ‹insbesondere›, *dáfke* ‹ausgerechnet, gerade›, *der íker* ‹hauptsächlich›, *lemóschl* ‹zum Beispiel›, *máchmeß* ‹wegen›, *tómed* ‹ständig, immer›, *tómer* ‹möglicherweise›, *wajl* ‹weil›, *zulíb* ‹für, wegen, zuliebe›. Wörter der Romanischen Komponente sind im Westjiddischen stärker vertreten als im Ostjiddischen. So konnte man z. B. im Westjiddischen für ‹bitten, einladen› auch *prájen* (vgl. frz. *prier*) sagen, im Ostjiddischen dagegen ausschließlich *betn* oder *farbétn*. Wörter wie *bentschn* ‹segnen, das Tischgebet sprechen› und *mílgrojm* ‹Granatapfel› waren allerdings über das ganze jiddische Sprachgebiet verbreitet.

Die Slawische Komponente macht einen wesentlichen Bestandteil des Ostjiddischen aus. Der Wortschatz und die Syntax zeigen deutlich slawische Einflüsse. Nicht zuletzt geht eine Reihe charakteristischer grammatischer Formen wie z. B. die Stammkonstruktion oder der erweiterte Gebrauch von Vorsilben zur Bezeichnung von Aktionsarten (beides vgl. Kap. 1) auf den Kontakt mit slawischen Sprachen zurück. Auch scheint der Ausbau der Verkleinerungsformen (Diminutive) zu einem zweistufigen System durch Kontakt mit dem Polnischen motiviert oder zumindest verstärkt worden zu sein. Daneben sind viele Unbestimmtheitspronomina des Ostjiddischen Lehnübersetzungen nach slawischem Vorbild, so z. B. *wer-nit-ís* ‹irgendwer (ein beliebiger)› (vgl. ukr. *chto-ne-bud'*), *woß-eß-ís* ‹irgendwas (beliebiges)› (vgl. ukr. *ščobud'*), oder *welcher-eß-ís* ‹wer auch immer, was auch immer› (vgl. poln. *jakibądź*, ukr. *jakyjbud'*). Im Westjiddischen dagegen beschränkt sich die Slawische Komponente auf vereinzelte Wörter wie z. B. *nébech*, in westjiddischen Dialekten auch *nébisch*, ein unübersetzbarer Ausdruck des Bedauerns, der manchmal ironisch gebraucht wird.

Die beiden Dialektgruppen lassen sich anhand einer Reihe von Erkennungswörtern (Schibboleths), die sich bis ins 20. Jahrhundert erhalten haben, unterscheiden (s. Tabelle 1). Diese Wörter stammen aus verschiedenen Komponenten. So gehören z. B. sowohl *tfíle* als auch *ßíder* zur Hebräisch-Aramäischen Komponente, *ōrn* zur Romanischen (vgl. lat. *orare*) und *dáwenen* zur Hebräisch-Aramäischen, *frâle* zur Deutschen und *bóbe* zur Slawischen Komponente.

Tabelle 1
Unterschiede im Wortschatz zwischen West- und Ostjiddisch

Westjiddisch	Ostjiddisch	Bedeutung
éte	táte	‹Vater›
méme	máme	‹Mutter›
frâle	bóbe	‹Großmutter›
hárle	séjde	‹Großvater›
mínich	párwe	‹weder *fléjschik* noch *mílchik* (neutral gem. den jüd. Speisegesetzen)›
ōrn	dáwenen	‹(jüd.) beten›
óumern	ßfíre zejln	‹die 49 Tage von Pessach bis zu Schawuot (Wochenfest) zählen›
pórschn	tréjbern	‹Fleisch von Sehnen reinigen›
ßárgeneß	tachríchim	‹Totengewand›
schnődern	menáder sajn	‹sich zu einer Spende verpflichten›
tetschn	blosn schójfer	‹den Schofar (Widderhorn) blasen›
tfíle	ßíder	‹(jüd.) Gebetbuch›
trendl	drejdl	‹Kreisel (mit dem zum Channukafest gespielt wird)›

Während im Ostjiddischen der Einfluss der slawischen Sprachen stärker ausgeprägt ist, wurde das Westjiddische wiederum stärker vom Hochdeutschen und den deutschen Dialekten beeinflusst. Dennoch sollten die Unterschiede, die auf diese verschiedenen sprachlichen Einflüsse zurückgehen, nicht überbetont werden. Keineswegs können West- und Ostjiddisch als zwei verschiedene Sprachen bezeichnet werden.

Die grundlegenden grammatischen Strukturen stimmen in beiden Dialektgruppen überein. Die Pronomina (*ich*, *du*, *er/si/eß*, *mir*, *ir*, *sej*) sind dieselben, ebenso die Personalendungen der Verben wie auch das gesamte Kasussystem. Beide unterscheiden zwischen bestimmten und unbestimmten Artikeln. Wie das Ostjiddische hat auch das gesprochene Westjiddisch die einfache Vergangenheit (Präteritum) verloren, einzige Ausnahme bildet die Form *wor* ‹war›. Überdies stimmt bei den periphrastischen Verben der Hebräisch-Aramäischen Komponente das charakteristische Muster für die Vergangenheitsbildung (mit *hobn* und *gewén*, vgl. Kap. 1) in beiden Gruppen vollständig überein. So heißt es im West- wie im Ostjiddischen z. B. *ich hob im mechábed gewén* ‹ich habe ihm Ehre erwiesen›.

Darüber hinaus begriff sich das aschkenasische Judentum bis in das 19. Jahrhundert als eine zusammenhängende kulturelle Einheit. Alle Unterschiede zwischen der westlichen und östlichen Lebenswelt hinderten Aschkenasim in Deutschland und den Niederlanden bis ins 19. Jahrhundert nicht daran, Lehrer aus Polen anzustellen, um ihre Kinder zu unterrichten. Für religiöse Bräuche und Riten waren im Ost- und Westjiddischen weitgehend dieselben feststehenden Ausdrücke üblich, wie z. B. *jórzajt* ‹Jahrzeit (Jahrestag des Todes einer Person)› oder *kídesch machn* ‹den Segen über den Wein sprechen›. In aschkenasischen Küchen in West- und Osteuropa wurde *kugl* ‹Auflauf› zubereitet. Der Schalet, die warme Mittagsspeise für den Schabbat, die bereits am Freitag in den heißen Ofen gestellt wurde, hieß im Westjiddischen *schálet*, im Ostjiddischen *tscholnt*. Trotz der unterschiedlichen Aussprache handelt es sich um ein- und dasselbe Wort.

‹Fleisch kaufen› – Die Dialektgrenzen

Der auffälligste Unterschied zwischen den einzelnen Dialekten liegt in der Aussprache der Haupttonvokale, d. h. derjenigen Vokale, die den Hauptakzent eines Wortes tragen. Nach diesem Prinzip lassen sich sämtliche dokumentierte jiddische Dialekte auf elegante Weise einteilen. Die Grenze zwischen Ost- und Westjiddisch wird anhand der Aussprache der Wörter für ‹kaufen› und ‹Fleisch› gezogen. Im gesamten westjiddischen Gebiet war die Aussprache dieser Wörter *kāfn* und *flāsch* (mit langem «a»).

Mitte des 19. Jahrhunderts verlief die Grenze zwischen Ost- und Westjiddisch dementsprechend mitten durch Ungarn und die Slowakei, durchschnitt in der Gegend um Krakau polnisches Gebiet, folgte ab der Höhe von Breslau in etwa der ehemaligen Grenze Schlesiens bzw. dem Verlauf der Oder und verlor sich schließlich in einem Übergangsgebiet zwischen Berlin, Posen und Königsberg. Das Gebiet des Westjiddischen muss sich in früheren Jahrhunderten jedoch deutlich weiter nach Osten erstreckt haben. In einigen Regionen an der Grenze zwischen dem ost- und dem westjiddischen Gebiet bildeten sich Übergangs- und Mischdialekte heraus, die jedoch im 19. Jahrhundert durch das Ostjiddische verdrängt wurden oder zusammen mit dem Westjiddischen untergingen.

Die innere Dialektgliederung des Westjiddischen ist nicht gesichert. Das Ostjiddische hingegen lässt sich anhand der Haupttonvokale in drei Hauptdialekte unterteilen:

- Zentralostjiddisch (ZOJ): vor allem in Zentral- und Südpolen, der Slowakei und im Osten Ungarns
- Nordostjiddisch (NOJ): vor allem in Litauen und Belarus
- Südostjiddisch (SOJ): vor allem in der Ukraine

Die schon erwähnten Erkennungswörter ‹kaufen› und ‹Fleisch› erlauben auch die Kennzeichnung dieser drei Dialekte: *kojfn flajsch* (ZOJ), *kejfn flejsch* (NOJ) und *kojfn flejsch* (SOJ). Dies sind jedoch nicht die einzigen charakteristischen Aussprachen von Haupttonvokalen (s. Tabelle 2).

Natürlich haben die einzelnen Dialekte für bestimmte Sachen typische Ausdrücke. Für ‹Geschäft› sagt man im Nordostjiddischen

Die ostjiddischen Dialekte
vor dem Ersten Weltkrieg
WJ Westjiddisch
ZOJ Zentralostjiddisch
NOJ Nordostjiddisch
SOJ Südostjiddisch
Ladogasee
St. Petersburg
Reval
Stockholm
Wolga
Moskau
Riga
Ostsee
Düna
Wilna
(Vilnius)
Königsberg
Danzig
Minsk
NOJ
Weichsel
Bug
Oder
Warschau
Brest-Litowsk
Charkow
(Charkiw)
Kiew
(Kyjiw)
Breslau
Krakau
WJ
Dnjepr (Dnipro)
Lemberg
(Lwiw)
SOJ
ZOJ
Dnjestr (Dnister)
Bug (Piwdennyj Buh)
Wien
Pressburg
(Bratislava)
Czernowitz
Odessa
Asowsches
Meer
Budapest
Pruth
Drau
Save
Bukarest
Belgrad
Donau
Schwarzes Meer
Sarajevo
Sofia
Adria
Konstantinopel
0 100 200 300 km

Tabelle 2
Beispielwörter für charakteristische Haupttonvokale der jiddischen Dialekte

Mod. Standard-jiddisch	**Nordost-jiddisch**	**Zentralost-jiddisch**	**Südost-jiddisch**	**Westjiddisch**
wald ‹Wald›	wald	wald	wold/wald	wald
betn ‹bitten›	betn	bejtn	bejtn/bītn	betn
gefínen ‹finden›	gefínen	gefínen	gefínen	gefínen
medíne ‹Staat›	medíne	medī́ne	medíne	medī́ne
óber ‹aber›	óber	óber	óber	óber
jor ‹Jahr›	jor	jur/jūr	jur	jor
frum ‹fromm›	frum	frim	frim	frum
gut ‹gut›	gut	gīt	git	gut
zajt ‹Zeit›	zajt	zāt	zat	zajt/zejt
flejsch ‹Fleisch›	flejsch	flajsch	flejsch	flāsch
ßéjfer ‹(rel.) Buch›	ßéjfer	ßájfer	ßéjfer	ßéjfer/ßḗfer
kojfn ‹kaufen›	kejfn	kojfn	kojfn	kāfn
tójre ‹Tora›	téjre	tójre	tójre	tóure
hojs ‹Haus›	hojs	hous/hōs	hus/hous	hous

z. B. *krom*, im Zentralostjiddischen *gewélb*, und im Südostjiddischen *klejt*. Auch in der Grammatik gibt es Unterschiede. So hat z. B. das Nordostjiddische als einziger Hauptdialekt kein Neutrum, daher heißt es *der buch* ‹das Buch›, *der ferd* ‹das Pferd›, *der lebn* ‹das Leben›, *di harz* ‹das Herz› und *di schtetl* ‹das Schtetl› anstatt *doß buch*, *doß ferd*, *doß lebn*, *doß harz* und *doß schtetl*. Die verschiedenen Herkunftsregionen der Vorfahren haben in den einzelnen Dialekten auch ihre Spuren hinterlassen. Sehr weit verbreitet im Zentralostjiddischen waren z. B. die Pronomina *ez* ‹Ihr› und *enk* ‹Euch› (beides 2. Person Plural), weil ein Teil der Vorfahren der Sprecher vor der Auswanderung nach Polen längere Zeit in Bayern oder Österreich gelebt hatte.

Innerhalb der Hauptdialekte gab es viele Unterdialekte. Zwei von ihnen wurden wegen ihrer charakteristischen Aussprache oft parodiert. Auf südostjiddischem Gebiet konnte man häufig *tóte* und *móme* statt *táte* und *máme* für ‹Vater› und ‹Mutter› hören. Daher wurde dieser Unterdialekt *tóte-móme-loschn* genannt. Böswillige Zungen bevorzugten die Bezeichnung *tóte-móme-koz-loschn* (mit zusätzlichem *koz*, statt *kaz* ‹Katze›). Auf nordostjiddischem Gebiet sagten viele Sprecher *wißn* für ‹wischen› und ‹wissen›, wo andere Dialekte zwischen *wischn* und *wißn* unterschieden. Historisch betrachtet sind in diesem nordostjiddischen Dialekt die Klänge /*sch*/ und /*ß*/ zusammengefallen. Nach der charakteristischen Aussprache von *schábeß* ‹Schabbat› und *loschn* ‹Sprache› wurde dafür der Name *ßábeßdiker loßn* (wörtlich ‹Schabbatsprache›) geprägt.

Typen und Stereotypen

Bis zu einem gewissen Grade fielen die Dialektgrenzen mit den historisch-politischen Grenzen Osteuropas zusammen, was sich auch in den jiddischen Bezeichnungen ausdrückte. Im Jiddischen haben solche Bezeichnungen als Teil einer jüdischen Geographie bis in unsere Gegenwart hinein überlebt, obwohl die politische Landkarte Osteuropas mittlerweile ganz anders aussieht.

Die Aschkenasim in den einzelnen Gebieten entwickelten einen gewissen jüdischen Lokalpatriotismus für die Bräuche, die Mentalität und die religiösen Traditionen der eigenen Gemeinschaften, der seinen Ausdruck in teils bewundernden, teils spöttischen bis negativen Stereotypen über die ‹anderen› Juden fand. Dialektale Unterschiede waren häufig ein fester Teil dieser innerjüdischen Stereotype.

Für die Aschkenasim im Westen waren alle Sprecher des Ostjiddischen einfach «Polen», sie galten ihnen als viel gebildeter in religiösen Schriften, als fromm, wenn nicht frömmelnd, und als geborene «Wirtschaftsflüchtlinge». In Osteuropa unterschied man genauer. Diejenigen, die einen nordostjiddischen Dialekt sprachen, wohnten überwiegend auf dem Gebiet des früheren Großfürstentums Litauen und wurden daher als *litwákeß* (Sg. *lítwak*, eigentlich ‹Litauer›) bezeichnet. *Litwákeß* galten als kühle Rationalisten mit einem Hang zur Skepsis und zum Spott, als distanziert und leicht reizbar, als arme Kartoffel- und Heringesser. Die *pójlische jidn* (‹polnische Juden›), Sprecher des Zentral- und Südostjiddischen, galten dagegen als warmherzig bis rührselig, spontan, gemütsfromm mit einem Hang zum Aberglauben, als humorvoll und heiter. In vielen jiddischen Witzen und Anekdoten werden diese Stereotype zusammen mit ihren charakteristischen dialektalen Eigenarten vorgeführt.

Altjiddisch – Mitteljiddisch – Modernes Jiddisch

Im Rückblick lassen sich in den frühesten Zeugnissen der von den aschkenasischen Juden gebrauchten Sprache Vorstufen des heutigen Jiddisch erkennen und die sprachgeschichtlichen Entwicklungslinien von diesen Anfängen bis zur Gegenwart nachzeichnen. Daher hat es sich in der Jiddistik als sinnvoll erwiesen, die Bezeichnung «Jiddisch» auch für sämtliche Vorstufen des heutigen Jiddisch zu verwenden, die sich auf dieser Entwicklungslinie einordnen lassen.

Die Verschmelzung von lokalen mittelhochdeutschen Dialekten mit Elementen der romanischen Vorgängersprachen und der hebräisch-aramäischen Sakralsprache in den Idiomen der aschkenasischen Juden stellt den Anfang dieser Entwicklung dar. Wenn die periphrastischen Verben der Hebräisch-Aramäischen Komponente mit ihrer charakteristischen Vergangenheitsform tatsächlich aus einer jüdisch-französischen Vorgängersprache entlehnt wurden (vgl. Kap. 2, S. 37), lassen sich diese Anfänge in etwa auf den Beginn jüdischer Zuwanderung im mittelalterlichen Deutschland datieren. Der älteste überlieferte jiddische Satz wäre dann als das früheste Zeugnis für die Ausbildung einer solchen Komponentensprache zu werten.

Der weitgehende Dialektausgleich innerhalb der Deutschen Komponente und die Verbreitung des Jiddischen über das deutsche Sprachgebiet hinaus waren um 1500 vollzogen. Zu diesem Zeitpunkt dürften sich zumindest erste Ansätze einer gesamtjiddischen Dialektlandschaft ausgebildet haben. Nach 1530 gibt es einen jiddischen Buchdruck, der Einfluss auf die weitere Sprachentwicklung nahm. In Anlehnung an den jiddischen Philologen Max Weinreich (1894–1969) bezeichnen wir die Sprachstufe von ca. 1250 bis ca. 1500 als *Altjiddisch*. Für die Zeit vor 1250 reden wir von Vorstufen und Frühformen des Jiddischen.

Der Buchdruck führte zur Entstehung einer westjiddisch geprägten überregionalen Buchsprache, die bis Mitte des 18. Jahrhunderts in Gebrauch blieb. Gleichzeitig bildete sich eine gesamtjiddische Schreiblandschaft heraus, die sich Ende des 18. Jahrhunderts auflöste. Die Periode zwischen ca. 1500 und ca. 1750 wird *Mitteljiddisch* genannt. Die Sprachstufen Alt- und Mitteljiddisch fassen wir der Kürze halber auch unter dem Begriff *Älteres Jiddisch* zusammen.

Ab ca. 1750 spricht man von *Modernem Jiddisch*. In dieser Periode treten die ostjiddischen Dialekte massiv in schriftlichen Quellen in Erscheinung. Es entwickelt sich eine neue überregionale Literatur- und Buchsprache auf ostjiddischer Grundlage, die im 20. Jahrhundert formell zu einer normativen Hochsprache ausgebaut wurde. Das Westjiddische nahm an dieser Entwicklung nicht mehr teil.

Bei dieser Einteilung in Epochen wird – wie es bei anderen Sprachen auch üblich ist – die Bezeichnung der modernen Sprachform auf die früheren Sprachstufen übertragen, ohne Rücksicht darauf, wie die Sprecher vergangener Jahrhunderte ihre Sprache genannt haben. Die heute gültigen Bezeichnungen vieler Sprachen kamen oft erst im Laufe des 19. Jahrhunderts oder noch später in allgemeinen Gebrauch, wie z. B. beim Niederländischen und Ukrainischen. Auch der Name «Jiddisch» wurde erst in der zweiten Hälfte des 19. Jahrhunderts bei den Sprechern zur allgemein akzeptierten Bezeichnung und setzte sich im ersten Viertel des 20. Jahrhunderts in der internationalen Wissenschaft durch.

Dennoch ist die Anwendbarkeit der Bezeichnung «Jiddisch» auf das Westjiddische und das Ältere Jiddisch in den vergangenen Jahrzehnten wiederholt bestritten worden. Einige Kritiker wollen im Westjiddischen und im Älteren Jiddisch nichts als jüdische Soziolekte des Hochdeutschen sehen und sprechen sich für den Gebrauch der Bezeichnung «Jüdisch-Deutsch» aus. In ihrer Argumentation stützen sie sich allerdings auf eine schmale Auswahl von sehr deutsch geprägten schriftsprachlichen Texten oder auf Aufzeichnungen von landschaftlicher deutscher Umgangssprache mit Resten von Westjiddisch.

Dass überdies im 20. Jahrhundert viele schon an das Deutsche assimilierte Juden die Bezeichnung «Jiddisch» für die Sprache ihrer Vorfahren und die Reste des Westjiddischen im deutschen Sprachraum ablehnten, sagt nichts über die tatsächlichen Sprachverhältnisse in früheren Jahrhunderten aus. Solche Einstellungen bezeugen eher eine mangelnde Vertrautheit mit dem Westjiddischen und mehr noch die Auflösung einer gesamt-aschkenasischen Gruppenloyalität zugunsten neuer politisch-nationaler Identitäten.

4. Die ältere jiddische Literatur

Bis zum 15. Jahrhundert fällt die Überlieferung von geschriebenem Jiddisch eher spärlich aus. Dennoch ist zu erkennen, dass sich die entstehende jiddische Sprache bereits in ihrer frühen Periode höchst unterschiedliche Funktionsbereiche eroberte. Das Jiddische war die Umgangssprache der Aschkenasim, im Alltag, in der Familie, auf dem Markt und auf der Straße, oder wo auch immer man unter sich war. Im *chéjder* und in den Talmudschulen wurde auf Jiddisch gelehrt und diskutiert. In begrenztem Rahmen gab es eine eigene jüdische Gerichtsbarkeit, und vor solchen jüdischen Gerichten wurden Streitfragen natürlich auf Jiddisch verhandelt. Obwohl das Jiddische in allen Bereichen der mündlichen Kommunikation unverzichtbar war, spielte es als Schriftsprache zunächst eine untergeordnete Rolle. Dies hat sicher dazu beigetragen, dass aus der Anfangszeit kaum geschriebenes Jiddisch erhalten ist. Andererseits wissen wir nicht, wie viele Manuskripte mit jiddischen Texten, Anmerkungen, Einträgen oder Notizen verloren gegangen sind. Längere zusammenhängende Texte, die vollständig in Jiddisch gehalten sind, werden erst gegen Ende des 14. Jahrhunderts, also nach der Zeit der Pestpogrome, nachweisbar.

Die Schriftsprachen des aschkenasischen Judentums waren Hebräisch, Aramäisch und Jiddisch sowie Mischformen dieser Sprachen (vgl. Kap. 1, S. 13). *Loschn-kójdesch* besetzte vor allem die hochsprachlichen Funktionen. Jiddisch konnten im Gegensatz zu *loschn-kójdesch* alle lesen, die das hebräische Alphabet gelernt hatten. Daher wurde für praktische Belange Jiddisch verwendet, von Notizen bis hin zu Lehr- und Handbüchern, und nicht zuletzt in Schriften, die der Unterhaltung dienten.

Je nach Funktionsbereich und literarischer Gattung unterscheiden sich die überlieferten Schreibstile des Älteren Jiddisch sehr stark. Dies zeigt sich vor allem im Einsatz der Sprachkomponenten und in einer wechselnden Offenheit für die Übernahme stilistischer Muster oder ganzer Phrasen aus den Quellsprachen. Einzelne Texte sind sehr nahe am Mittelhochdeutschen, andere sind hebräisch-jiddische Mischtexte, wieder andere sind näher an der gesprochenen Sprache.

Im ältesten jiddischen Satz aus dem Wormser Machsor finden wir Wörter aus der Deutschen und der Hebräisch-Aramäischen Komponente und ein deutsches Reimmuster. Im ältesten erhaltenen Kodex hingegen zeigt sich der Komponentencharakter der damals gesprochenen Sprache aber so gut wie gar nicht. Dieser Kodex aus dem Jahr 1382 wurde Ende des 19. Jahrhunderts zusammen mit hebräischen, aramäischen und judäo-arabischen Texten in einer Genisa im ägyptischen Fustat (heute Kairo) entdeckt. Eine *Genisá* (Plural: *Genisót*) ist ein besonderer Aufbewahrungsort für unbrauchbar gewordene jüdische Manuskripte und Druckwerke. Juden ist es nicht erlaubt, Texte zu vernichten, die den vierbuchstabigen Gottesnamen (Tetragramm) enthalten. Solche Schriften werden bis zur vorgeschriebenen rituellen Bestattung an einem besonderen Ort, einer Genisa, gesammelt. Um nicht versehentlich Texte mit dem Gottesnamen zu vernichten, haben Juden in der Regel alle unbrauchbar gewordenen Schriften und Drucke mit hebräischen Buchstaben in solchen Genisót abgelegt.

Der Kodex (T.-S. 10K22) wird seit 1896 an der Universität Cambridge aufbewahrt und ist daher in der Jiddistik unter dem Namen «Cambridger Codex» bekannt. Erst in den fünfziger Jahren des vergangenen Jahrhunderts erkannte man seinen Wert und begann ihn zu erforschen. Die unvollständige und beschädigte Handschrift umfasst Abschriften von acht Texten: vier epische Gedichte über biblische Helden (Moses und Aaron, Abraham, Joseph) und über das Paradies, eine Löwenfabel, je eine Liste der Wochenabschnitte der Tora sowie der hebräischen Namen der Edelsteine im

Brustschild des Hohepriesters (vgl. Ex 28,17–20) mit jiddischer Übersetzung und zu guter Letzt ein deutsches Heldenepos.

Die ersten vier Gedichte sind genuin jüdische, religiöse Erbauungswerke, deren Erzählstoffe der Tora und nachbiblischen jüdischen Traditionen entstammen. In Form und Stil lehnen sie sich an mittelhochdeutsche Epen an. Die Löwenfabel, in der sich die Tiere an ihrem sterbenden König rächen, geht auf eine hebräische Fabel des Dichters Berechja ben Natronai ha-Nakdan (Frankreich und England, 12./13.Jh.) zurück, gleichzeitig ist sie aber auch von mittelhochdeutschen Reimfabeln beeinflusst. Das Heldenepos *Dúkuß Hórant* (‹Herzog Horant›) entstammt dem Sagenkreis des Kudrunliedes und gibt vermutlich eine verschollene mittelhochdeutsche Vorlage bis auf ein paar Wortänderungen getreu wieder, allerdings in hebräischer Schrift. Bezeichnenderweise steht das Heldenepos im Kodex nicht zwischen den anderen epischen Gedichten oder folgt direkt auf sie, sondern erscheint gleichsam doppelt abgesondert durch die Fabel und die Listen, die selbst keine Erzähltexte sind. Diese Anordnung der Texte ist nicht zufällig entstanden. Dahinter verbirgt sich die wertende Einstellung des Schreibers zu den Inhalten, eine Einstellung, die typisch ist für die gesamte ältere jiddische Literatur: Auf der einen Seite waren die Aschkenasim sehr offen für verschiedene kulturelle Einflüsse, auf der anderen räumten sie der eigenen Religion und jüdischen Tradition stets einen höheren Stellenwert ein als profanen und nichtjüdischen literarischen Stoffen, die nur der Unterhaltung dienten.

Die Sprache der im Cambridger Codex erhaltenen Texte stimmt nahezu vollständig mit derjenigen mittelhochdeutscher Schreibvarietäten jener Zeit überein, allerdings ist sie bereits aufgrund der hebräischen Schrift und typisch jiddischer Schreibweisen als eine aschkenasische Schreibvarietät zu werten. Die Titel selbst sind hebräisch. Die biblischen Namen erscheinen auch im eigentlichen Text in ihrer hebräischen Form. Die Versanfänge des Joseph-Liedes folgen dem hebräischen Alphabet und bildeten in den letzten Strophen wahrscheinlich ursprünglich auch ein sog. Akrostichon, möglicherweise mit dem Namen des Verfassers, das jedoch durch wiederholtes Kopieren entstellt wurde. Im Manuskript finden sich eine Jahres- und eine Datumsangabe nach dem jüdischen Kalender mit hebräischen Zahlbuchstaben: Am Ende der Liste mit den Wochenabschnitten und den Namen der Edelsteine ist die Jahresangabe 143 zu finden, die dem jüdischen Jahr 5143 und dem christlichen Jahr 1382/83 entspricht. Die Kopie der Löwenfabel hat der Schreiber mit dem 3. Kislew [5]143, d. h. dem 9. November 1382, datiert. All diese Erscheinungen verleihen der Schreibvarietät einen genuin jüdischen Charakter. Das Wort für ‹Kirche› ist im *Dúkuß Hórant* an zwei Stellen – wohl aus einem Abgrenzungsbedürfnis gegenüber dem Christentum – durch *tífle* ‹Unreinheit› (HAK) ersetzt worden, an einer anderen Stelle wurde *kírche* aus der Vorlage übernommen.

Der vielgestaltige Charakter der einzelnen Texte in dieser Sammelhandschrift deutet darauf hin, dass die Aschkenasim schon vor 1382 über eine eigene jiddische Literatur mit eigenen Traditionen und Genres verfügten. Die Sprache dieser Literatur war allerdings zum Teil erkennbar durch die Register und Stile der entsprechenden mittelhochdeutschen Genres geprägt. Das auffälligste stilistische Merkmal der Texte des Cambridger Codex – und manch anderer Werke der älteren jiddischen Literatur – ist die bewusste Vermeidung hebräisch-aramäischer Elemente. Der Grund dürfte in erster Linie in den ästhetischen Vorlieben der Verfasser, literarischen Moden und den Erwartungen des Publikums zu suchen sein. Das Wormser Reimpaar von 1272 zeigt jedoch, dass hebräisch-aramäische Wörter nicht nur als ausschließlich für Alltagsprosa geeignet empfunden wurden.

Der jiddische Buchdruck

Aus der Zeit der Pestpogrome und der Verfolgungen im Hoch- und Spätmittelalter sind uns kaum jiddische Texte oder Fragmente überliefert. Ab dem 15. Jahrhundert sind jedoch mehr Handschriften erhalten, und mit dem 16. Jahrhundert setzt eine breite Überlieferung jiddischer Texte ein. Eine wichtige Rolle spielt dabei der jiddische Buchdruck.

Der älteste gedruckte jiddische Text ist das bekannte Pessach-Lied *Alméchtiger got* (‹Allmächtiger Gott›), eines der drei jiddischen Lieder, die traditionell zum Abschluss des Seder-Mahls ge-

ברכות המזון

Das Tischgebet *Birkàt ha-masón,* Frankfurt am Main 1627. Der Haupttext ist das hebräische Tischgebet in Quadratschrift mit kurzen Anweisungen in kleinformatiger Raschi-Schrift. Am Rand steht die jiddische Übersetzung mit Anweisungen in aschkenasischer Halbkursive, in der bis ca. 1800 so gut wie alle jiddischen Texte gedruckt wurden.

sungen wurden. Es erschien 1526 in Prag als Teil einer (hebräischen) Haggada, das ist ein besonderes, häufig bebildertes, Festbuch, aus dem an den ersten zwei Pessach-Abenden gelesen und gesungen wird. Ein größerer jiddischsprachiger Anteil findet sich in dem 1534 in Krakau gedruckten hebräisch-jiddischen Bibelwörterbuch *Mirkèweß hamíschne* (‹Der zweite Reitwagen›), auch bekannt als *Sséjfer schel reb Anschl* (‹Das Buch von Meister Anschel›).

Die hohe Alphabetisierung der aschkenasischen Juden machte diese Gruppe zu einem lukrativen Absatzmarkt. Obwohl Juden nicht Mitglied der Druckerzunft werden konnten, wurden schon in der ersten Hälfte des 16. Jahrhunderts hebräische und jiddische Werke für den expandierenden jüdischen Büchermarkt produziert. Christliche Druckereibesitzer beschäftigten jüdische Setzer, auch mieteten sich jüdische Drucker in von Christen geführten Druckereien ein. In den Anfangsjahren des jiddischen Buchdrucks spielten Konvertiten, die nach der Taufe eigene Druckereien betreiben und Werke in ihrer Muttersprache verlegen konnten, eine wichtige Rolle.

Der jiddische Buchmarkt war von Beginn an international ausgerichtet. Als erste jiddische Druckorte sind Prag, Krakau, Isny, Augsburg, Konstanz, Ichenhausen, Venedig, Zürich und Sabbioneta bekannt, gegen Ende des 16. Jahrhunderts kamen Basel, Mantua, Cremona, Freiburg und Verona hinzu. Im 17. Jahrhundert verschwindet der jiddische Buchdruck in Italien, dafür treten nördlich der Alpen neue Druckorte hervor, allen voran Frankfurt am Main, Lublin, Amsterdam, Dyhernfurth, Wilhermsdorf und Hanau. Die Zahl jiddischer Druckorte nahm im 18. Jahrhundert deutlich zu, vor allem in Deutschland. Nicht selten wurden erfolgreiche Werke an weit entfernten Orten nachgedruckt. Der bedeutendste jiddische Druckort des 17. Jahrhunderts war Amsterdam. Dort wurden beliebte Werke in großer Zahl neu aufgelegt, auch ließen Autoren aus ganz Europa ihre Schriften in der Stadt drucken. Die Leserschaft dieser Bücher lebte mehrheitlich in Mittel- und Osteuropa.

Um den überregionalen Buchmarkt zu bedienen, bemühten sich Autoren, Setzer und Verleger, in den jiddischen Werken jene Wörter und Dialektausdrücke zu vermeiden, die nur einer begrenzten Leserschaft verständlich waren. Auf diese Weise bildeten sich Ansätze einer überregionalen Schreibsprache heraus. Der überregionalen Verständlichkeit wegen wurden zum Beispiel in jiddischen Büchern, die in Osteuropa verfasst und gedruckt wurden, Slawismen vermieden, obwohl diese schon längst Teil des gesprochenen Ostjiddisch gewesen sein müssen. Auf der Ebene der Syntax folgten die Autoren dagegen unbefangen den Gewohnheiten der eigenen Dialekte, da dies kein Hindernis für die Verständlichkeit bedeutete. Eine verbindliche Rechtschreibung des älteren Jiddisch gab es nicht. Jedoch war die Schreibart der Wörter bereits zu Beginn des jiddischen Buchdrucks so einheitlich, dass ihre dialektale Aussprache im Schriftbild zum überwiegenden Teil nicht zum Ausdruck kam. Neben den Drucken in der überregionalen Schreibsprache entstanden auch weiterhin von lokalen Schreibarten geprägte Texte.

Prunkvoll gestaltete Bibelübersetzung von Jekuthiel Blitz, gedruckt in Amsterdam 1676–1678.

Majßeß *und* Minhogim – *Das jiddische Buch in der frühen Neuzeit*

Die jiddischen Drucke der Frühen Neuzeit gehören vor allem zur religiösen Erbauungs- und auch zur Unterhaltungsliteratur. Der Buchdruck ermöglichte Werken, die zum Teil über Generationen nur in Handschriften weitergegeben wurden, eine weite Verbreitung. Dazu zählen das *Schmúel-buch* und das *Melóchim-buch* (‹Das Buch Samuel› und ‹Das Buch der Könige›, Augsburg 1544 und 1543); diese Werke geben die biblischen Bücher zusammen mit nachbiblischen jüdischen Zusätzen (so genannte Midraschim) in Stil und Versform der mittelhochdeutschen Heldenepik wieder.

1544 erschienen in Konstanz und Augsburg zwei jiddische Übersetzungen des Pentateuch nach Manuskripten, die auf der traditionellen jiddischen Übersetzungspraxis beruhen.

Erzählungen. 1602 veröffentlichte der Verleger und Wanderbuchhändler Jakob bar Abraham aus Mesritsch (heute Międzyrzec Podlaski, Polen) in Basel das *Májße-buch* (‹Geschichtenbuch›), eine Sammlung von jüdischen Legenden und Exempla aus dem Talmud und der aschkenasischen Erzähltradition des Mittelalters, besonders über die führenden Gestalten und zu Legenden gewordenen Rabbiner aus den Gemeinden Mainz, Regensburg und Worms. Die meisten *májßeß* (‹Geschichten, Exempla›) zeigen deutlich sprachliche Charakteristika einer nachträglichen Verschriftlichung ursprünglich mündlicher Erzähltraditionen, selbst dort, wo der Erzählstoff auf schriftliche Quellen wie den Talmud zurückgeht. Eine sehr bekannte talmudische Erzählung über die maßgebenden Rabbinen Hillel und Schammai (Ende 1. Jh. v. Chr. – Anfang 1. Jh. n. Chr.) lautet im *Májße-buch*:

> *Májße geschách ach an ájnem goj, der kam zu Schámaj unt schprach: «Saj mich megájer, ouf daß das du mich west kol-hatóure lérnen, di-wájl ich ouf ájnem fuß schtej[n] kan.» Do schtoß in Schámaj hinwék mit ájnem móß-schtèken, das di zímerlajt bróuchen. Do ging der goj fun Schámaj un ging zu Hílel un frogt in ach, ob er in welt kol-hatóure lérnen, di-wájl er kent ouf ájnem fuß schtejn. Do wor im Hílel ouf sajn rejd megájer un schprach: «Ich wil dich kol-hatóure léren, di-wájl du kanst ouf ájnem fuß schtejn!» Unt schprach wíder den goj: «Halt den póßek:* Da'alóch ßnej lechawróch lou ta'awíd. *Daß is tajtsch: du solßt dájnem gesélen nit árger tun, alß du dir gérnen sélbert tun wilßt. Daß ißt der grunt fun der gánzen tóure; das ánder ißt ajn péjresch ouf di tóure. Gej hin unt lérnen eß wájter!» Alsóu lernt in Hílel kol-hatóure di-wájl er ouf ájnem fuß schtunt!*
>
> Man erzählt von einem Nicht-Juden, der kam zu Schammai und sprach: «Mach mich zum Juden, indem du mich die ganze Tora lehrst, so lange ich auf einem Fuß stehen kann.» Da stieß Schammai ihn mit einem Zollstock, wie ihn die Zimmerleute gebrauchen, von sich. Da ging der Nicht-Jude von Schammai zu Hillel und fragte auch ihn, ob er ihn die ganze Tora lehren könnte, während er auf einem Fuß stünde. Da machte Hillel

ihn auf seine Worte hin zum Juden und sprach: «Ich werde dich die ganze Tora lehren, in der Zeit, in der du auf einem Fuß stehen kannst.» Und er sagte zum Nicht-Juden: «Halte dich an den Satz: *Was dir selbst verhasst ist, das tue nicht deinem Nächsten an* [im Original hebräisch]. Das bedeutet: Du sollst deinen Nächsten nicht schlechter behandeln, als du es dir für dich selbst gerne wünschen würdest. Das ist das Fundament der ganzen Tora: alles andere ist Auslegung. Gehe hin und gib es weiter!» Auf diese Weise lehrte Hillel ihn die ganze Tora, während er auf einem Fuß stand! (*Májße-buch*, Basel 1602, Erzählung Nr. 14)

Das *Májße-buch* erweist sich bei näherer Betrachtung als eine Zusammenstellung aus unterschiedlichen jiddischen Handschriften, die bereits vor Aufkommen des Buchdrucks unter aschkenasischen Juden im Umlauf gewesen sein müssen. Der Herausgeber Jakob bar Abraham (Jánkew bar Awróm) nahm in sein Werk zusätzlich auch Erzählungen auf, die er vermutlich selber aus dem Hebräischen ins Jiddische übersetzt hatte. Er war nicht der einzige Buchhändler, der die Nachfrage nach jüdischen Lesestoffen durch Übersetzungen hebräischer Literatur zu bedienen versuchte. Seit Beginn des Buchdrucks wurden hebräische Werke, die zuvor nur von gebildeten Männern – und sehr wenigen gebildeten Frauen – gelesen wurden, in jiddischer Übersetzung oder Bearbeitung einem breiteren Lesepublikum zugänglich gemacht. So fand das hebräische *Ssèfer Joßipón*, das die Geschichte des jüdischen Volkes zur Zeit des Zweiten Tempels frei nach Josephus Flavius nacherzählt und weiterführt, in jiddischer Übersetzung als *Ssèjfer Jojßífn* (‹Das Buch Josephus›, Erstdruck Zürich 1546) weite Verbreitung und erlebte zahlreiche Auflagen. Ähnlich erfolgreich war *Schèwet Jehúde* (Krakau 1591), eine populäre aschkenasische Bearbeitung von Salomo ibn Vergas hebräischem Geschichtswerk *Schèwet Jehudá* (‹Das Szepter Judas›, ca. 1520/25). Der Bearbeiter betonte gegenüber dem hebräischen Original stärker die Rolle Gottes als Lenker der Geschichte, ließ dafür aber die nüchternen Betrachtungen ibn Vergas und seine Kritik an den innerjüdischen Zuständen weg oder schwächte sie ab, schmückte die dramatischen Aspekte aus, war dafür aber in seinen Angaben weniger genau.

Aber auch populäre Lesestoffe der Christen wie *Till Eulenspiegel*, die *Schildbürger* oder *Dietrich von Bern* wurden für ein aschkenasisches Publikum bearbeitet. Deutschsprachige Vorlagen wurden in der Regel nur wenig an das Jiddische angepasst. Die Herausgeber konnten sich häufig damit begnügen, den deutschen Text in hebräische Buchstaben zu übertragen, da die Juden in Deutschland genügend Deutsch verstanden und ihnen die hebräische Schrift von Haus aus am geläufigsten war. In einigen Werken, wie z. B. dem *Fortunatus* (ca. 1699, ohne Druckort), wurden allzu deutliche Erwähnungen christlicher religiöser Bräuche (z. B. Taufe) und Lehre (z. B. Dreifaltigkeit) gekürzt oder durch neutrale Formulierungen ersetzt.

Eine sehr beliebte Gattung der Unterhaltungsliteratur waren Fabeln. Fabelsammlungen wie das *Kü-buch* (‹Kühe-Buch›, Verona 1595, leicht überarbeitet als *Ssèjfer meschólim* ‹Fabelbuch›, Frankfurt am Main 1697) speisten sich gleichermaßen aus jüdischen, antiken, orientalischen und europäischen Quellen. Auch in solchen Werken wurde der Stoff vereinzelt für ein jüdisches Publikum bearbeitet, wenn etwa in der von Äsop bekannten Fabel mit dem Fuchs, dem Raben und dem Käse der Bearbeiter den Fuchs zum Raben sagen lässt: *morgn is eß ròscheschóne/lost mich hern wi ir di nigúnim kent máchen* – «Morgen ist Rosch Haschana (jüd. Neujahr)/ Lasst mich hören, wie Ihr die Melodien singen könnt.»

Élje Bócher. Viele Werke der älteren jiddischen Literatur sind anonym, bei anderen wissen wir über den Autor kaum mehr als den Namen. Eine Ausnahme ist der Gelehrte Elia ben Ascher ha-Levi Aschkenasi (1469–1549), eine der schillerndsten Gestalten der aschkenasischen Renaissance. In der jiddischen Literatur kennt man ihn als Élje Bócher (jidd. *bócher* ‹Junggeselle, Talmudschüler›), bei den christlichen Humanisten hieß er Elia Levita. Elje Bocher, der in Ipsheim bei Neustadt an der Aisch geboren wurde, verbrachte die meiste Zeit seines Lebens in Italien, vor allem in Padua, Rom und Venedig, wo er auch gestorben ist. Seinen Lebensunterhalt verdiente er, indem er Juden und auch christliche Humanisten, unter ihnen Sebastian Münster (1488–1552) und Kardinal Egidio da Viterbo (ca. 1469-1532), im Hebräischen unterrichtete. Seine gelehrten Schriften befassen sich mit der hebräischen Grammatik, mit Etymologie und Philologie; auch stellte er Wörterbücher zum Hebräischen und Aramäischen zusammen. Sein Schüler Paulus Fagius, ein christlicher Humanist, ergänzte eine jiddisch-hebräische Wortliste Elje Bochers zu einem viersprachigen jiddisch-hebräisch-lateinisch-deutschen Wörterbuch, *Schmouß dwórim* (‹Namen der Sachen›, hebr. *Schemót dewarím*, lat. *Nomenclatura Hebraica*, Isny 1542).

Elje Bochers literarische Werke sind auf Jiddisch verfasst. Seine Psalmenübersetzung (Venedig 1545) greift stark auf den traditionellen jiddischen Bibelübersetzungswortschatz zurück. Seine anderen jiddischen Werke sollten der Unterhaltung dienen und zeichnen sich durch eine lebendige und idiomatisch reiche Sprache aus. Neben einigen Gelegenheitsgedichten, die ungedruckt blieben, schrieb er zwei Abenteuerromane in der in Italien beliebten Versform Ottaverime (Oktave).

Sein *Bówe-buch* entstand 1507 und wurde in überarbeiteter Form 1541 in Isny gedruckt. Das *Bówe-buch* ist eine Bearbeitung des italienischen Heldenromans um Herzog Buovo de Antona, der wiederum auf das englische Epos *Bevis of Hampton* zurückgeht. Die spannenden und fantastischen Geschichten um Herzog Bowe und seine geliebte Prinzessin Drusiane fanden in der aschkenasischen Welt derart viel Anklang, dass das Buch bis weit ins 19. Jahrhundert in Osteuropa nachgedruckt wurde. Allerdings wurde das Werk dabei so häufig überarbeitet und sprachlich modernisiert, dass die letzten Auflagen nur noch wenig mit der ursprünglichen Fassung gemein hatten.

Der 1556 in Sabbioneta (vielleicht auch schon früher an einem anderen Ort) anonym erschienene Versroman *París un Wiéne* wird ebenfalls Elje Bocher zugeschrieben. Die Liebesgeschichte um Graf Paris und die Königstochter Wiene ist ein höchst originelles Meisterwerk der Renaissance-Literatur, das sich durch subtilen Humor, feinsinnige Charakterzeichnung und formvollendete Verse auszeichnet. Der Autor setzt Wörter aus allen Komponenten des Jiddischen ebenso wie eine Reihe Italianismen mit viel Sinn für Metrum und Konnotationen ein.

In den beiden Versromanen, die von jüdischer Thematik weitgehend frei sind, gebrauchte Elje Bocher weniger Wörter der Hebräisch-Aramäischen Komponente als etwa in *Hamáwdil* (‹Um einen Unterschied zu machen›, 1514), einem Spottgedicht auf den Hebräischlehrer Hillel Cohen, seinen Erzrivalen im jüdischen Venedig.

Brauchtum. Den größten Anteil an der jiddischen Buchproduktion nahm die religiöse Brauchtumsliteratur ein. Es gab verschiedene Arten von Gebetbüchern mit jiddischer Übersetzung und jiddischen Anweisungen für das Verrichten der Gebete und das Sprechen der *bróchefs*, der Segenssprüche. Ganz auf Jiddisch verfasst waren häufig die so genannten *tchínefs*, nicht-liturgische Bittgebete für verschiedene Gelegenheiten. Die meisten Sammlungen von jiddischen *tchínefs* waren für Frauen bestimmt. Mit ihnen konnten sie Gott z. B. bitten, ihre Kinder gesund aufwachsen und gute Juden werden zu lassen. Ausführliche Beschreibungen der religiösen Bräuche waren in den *Minhógim*-Büchern (jidd. *mínheg – minhógim* ‹Brauch›) zu finden. Die meisten dieser gedruckten Handbücher berücksichtigten regionale und lokale Besonderheiten. So warb das Titelblatt eines Amsterdamer *Minhógim*-Buches von 1723 in Reimen:

> *Minhógim. Díse minhógim hobn mir tun drukn náj, mit fil farbéßert un náje gemél derbáj, un alß ganz keßéjder noch ále minhógim geschtélt, áschkenas, póuls* [sic], *péjm, mejrn, wélsch-land un ándere medíneß in der welt. Hirmít ajn íder recht jídischlech ken lebn an woch, schábeß, rosch-chóudesch, jóntef un sonßt ándere zajtn dernébn.*

> Bräuche (Minhagim). Diese Bräuche haben wir neu drucken lassen mit vielen Verbesserungen und neuen Bildern, alles nach den einzelnen Bräuchen gegliedert, wie sie in Deutschland, Polen, Böhmen, Mähren, Italien und anderen Ländern der Welt gehalten werden, sodass ein jeder gut jüdisch leben kann an Wochentagen, am Schabbat, zu Neumond, an Feiertagen und auch zu allen anderen Zeiten.

Die Zeneréne. Das populärste Werk der älteren jiddischen Literatur ist die *Zeneréne* (‹Kommt heraus und schaut [o, Töchter Zions]›, vgl. Hohelied 3,11). Das Buch wurde kurz nach 1600 von dem Gelehrten Jánkew ben Jízchok Aschkenási (Jakob ben Isaak Aschkenasi) verfasst, der aus einem Ort namens Janów stammte. Die älteste erhaltene *Zeneréne* wurde 1622, wahrscheinlich in Hanau, ge-

Titelblatt des Buches *Minhógim* (Bräuche), Amsterdam 1723.

druckt. Auf der Titelseite wird allerdings der angesehene Druckort Basel angegeben. Vor dem Druck von 1622 gab es mindestens zwei weitere Ausgaben – das Werk konnte sich offensichtlich schon kurz nach dem ersten Erscheinen großer Popularität erfreuen.

Die *Zeneréne* paraphrasiert die erzählerischen Teile des Pentateuch und der so genannten fünf Megillot (‹Schriftrollen›, das sind die Bücher Hohelied, Ruth, Klagelieder, Kohelet und Esther) sowie einen Abschnitt aus dem Talmud. In den Erzähltext wurden viele talmudische und nach-talmudische Legenden und erklärende Zusatzerzählungen (Midraschim) eingebaut. So gibt die *Zeneréne* etwa beim Anfang der Schöpfungsgeschichte (Gen 1,1) gleich zwei traditionelle Erklärungen dafür, warum die Bibel mit dem zweiten Buchstaben des hebräischen Alphabets, dem *bejß*, und nicht mit dem ersten, dem *álef*, anfängt:

Berejschíß boró elojkím eß haschomájim we-eß hoórez – *on erscht beschéfniß himl un erd do ist gewésn wißt un ler di erd un fínßter on dem ópgrunt un der kìße-hakówed fun hakòdesch-bórchu der is geschtándn in luftn iber di wáßer. Un worúm hot di tójre óngehojbn mit der bejß? Er lernt unß wi ißt ajn bejß: hot draj sajtn di zu sajn un di fírde want is ofn. Asój is ojch di welt: draj sajtn hot hakòdesch-bórchu zúgemacht un di want fun zofn hot hakòdesch-bórchu kejn himl dortn gemácht. Derwórtn hakòdesch-bórchu wil sogn zu den ùmeß-haójlem: «Lost kúmen ájere ópgeter un loßt si machn di fírde want, den ir hot si gehältn far ajn got, farsúcht si ojb si étwas kénen.»*
Un noch ajn pschat is: di bejß is ‹bróche› un di álef is ‹órer un klóle›, drum hot hakòdesch-bórchu óngehojbn mit der bejß, un di álef is geflójgn far hakòdesch-bórchu un hot geságt: «Hejb mit mir on di tójre. Ich bin das erscht oß im álef-bejß.» Do hot hakòdesch-bórchu geságt: «Af dem berg Ssínai wer ich gebn di aßèreß-hadíbreß, do wil ich ónhejbn mit der álef: onojchí adojnój elohéjcho.»

Im Anfang schuf Gott Himmel und Erde – als Himmel und Erde geschaffen wurden, war die Erde wüst und leer, und es war finster über dem Abgrund, und der Thron Gottes schwebte in der Luft über den Wassern. Und warum beginnt die Tora mit dem Buchstaben Beth [ב, der 2. Buchstabe des hebräischen Alphabets]? Das lehrt uns folgendes: So wie ein Beth drei Seiten hat, die geschlossen sind, und an der vierten Seite ist es offen, so ist auch die Welt. Drei Seiten hat Gott verschlossen, und an die nördliche Seite hat Gott den Himmel gesetzt. Damit will Gott den Völkern der Welt sagen: «Lasst Eure Götzen kommen und die vierte Wand errichten, denn Ihr haltet sie für Götter. Versucht doch, ob sie etwas zustande bringen.»
Und noch eine Deutung. Beth ist der Anfangsbuchstabe von «Segen» [*bróche*] und Alef der von «Fluch und Schimpf» [*órer un klóle*]. Darum lässt Gott die Tora mit Beth anfangen. Und das Alef flog zu Gott und sprach: «Lass mit mir die Tora anfangen. Ich bin der erste Buchstabe im Alphabet.» Da sprach Gott: «Auf dem Berg Sinai werde ich die Zehn Gebote verkünden. Die werde ich mit Alef beginnen lassen: *Ich bin der Herr dein Gott* [*Onojchí* ...].» (*Zenerène*, Ausgabe Amsterdam 1648).

Die *Zenerène* wurde der absolute Bestseller der älteren jiddischen Literatur und das religiöse Hausbuch der aschkenasischen Juden schlechthin. Sie bot den Lesern die spannenden und rührenden Geschichten aus dem traditionellen Lehrstoff in leichter, verständlicher jiddischer Prosa. Am Schabbat und den Feiertagen wurde sie in jüdischen Familien gelesen und vorgelesen. Anders als häufig kolportiert wird, war die *Zeneréne* keineswegs «nur Frauenlektüre», sondern richtete sich an alle Erwachsene, die die Erzählungen nicht im Original lesen konnten. Da gerne aus der *Zeneréne* vorgelesen wurde, wuchsen praktisch alle aschkenasischen Kinder mit der *Zeneréne* auf.

Moralische Erbauung. Bei weitem nicht so viele Auflagen erreichten Werke der so genannten Mussar-Literatur (hebr. *mußár*, jidd. *múßer* ‹Ethik, Moral›), bei denen die Unterhaltung in erster Linie der moralischen Erbauung diente. Werke wie der *Brántschpigl* (‹Brandspiegel›, Krakau 1596) des Moses ben Henoch Jeruschalmi Altschuler aus Prag und *Lew tow* (‹Gutes Herz›, Prag 1620) des Isaak ben Eliakum von Posen waren eine beliebte Schabbatlektüre. Während die meisten Mussar-Bücher auf hebräische Vorbilder zurückgehen, war das *Sséjfer ßìmcheß hanéfesch* (‹Buch der Seelenfreude›, Frankfurt am Main 1707) des Elchónen Hénele Kírchhan (geb. in Kirchhain nahe Marburg, gest. nach 1731) eine Sammlung von Geschichten aus der jüdischen und nichtjüdischen Tradition und Folklore, wobei die Moral der Geschichten bei Bedarf uminterpretiert oder neu hinzugefügt wurde. Besonders beliebte Werke der Mussar-Literatur werden – wie die *Zeneréne* – in religiösen Kreisen bis in unsere Tage immer wieder neu aufgelegt.

In einigen Gattungen blieben Drucke eine seltene Ausnahme. Die Purim-Spiele, die zum gleichnamigen Fest aufgeführt wurden, waren kein Lesestoff für das ganze Jahr und verbreiteten sich daher bis in das 18. Jahrhundert hinein ausschließlich in Handschriften. Lieder über schicksalhafte Ereignisse einzelner jüdischer Gemeinden waren dagegen schon in früheren Jahrhunderten für Verleger kommerziell interessant. So wurde *Megíleß Winz*, auch bekannt als *Vinz-Hans-Lied*, das die Vertreibung der Juden während des so genannten Fettmilch-Aufstands in der Reichsstadt Frankfurt am Main (1614) und ihre spätere Rückkehr schildert, 1648 in Amsterdam in einer zweisprachigen jiddisch-hebräischen Ausgabe gedruckt.

Gattungsabhängige Schreibsprachen mit einem unterschiedlichen Einsatz der einzelnen Komponenten und einer entsprechenden Offenheit für die Quellsprachen begegnen uns natürlich nicht nur in Druckwerken. Feststehende Register, Idiome und Stilfiguren erlaubten einem Schreiber unterschiedliche Grade an Förmlichkeit. Recht informelles Jiddisch finden wir vor allem in Notizen für den alltäglichen Gebrauch, wie z. B. in überlieferten Wäschelisten aus jüdischen Haushalten oder in Rezepturen der medizinischen Hausapotheke. Weniger umgangssprachlich gehalten waren natürlich Schreiben mit offiziellem Charakter.

Ein wichtiger Bereich, in dem offizielle Schriften entstanden, war die Verwaltung der jüdischen Gemeinden. Einträge in den Protokollbüchern (jidd. *pinkéjßim*, Sg. *pínkeß*) konnten auf Hebräisch oder Jiddisch vorgenommen werden. Die Statuten (jidd. *takóneß*) der jüdischen Gemeinden hingegen mussten auf Jiddisch verfasst sein, damit sie jeder lesen konnte. In diesen Schriften begegnet uns das Jiddische als eine Art «Kanzleisprache», als ein stark formelhaftes, hebraisiertes Jiddisch mit Einschlüssen längerer oder kürzerer hebräischer Phrasen, vergleichbar den lateinisch-deutschen Mischtexten christlicher Kanzleien. Darüber hinaus haben auch die lokalen Kanzleisprachen der christlichen Obrigkeit auf den Stil mancher offizieller jiddischer Dokumente abgefärbt. Obwohl eine überregionale Verständlichkeit solcher Texte nicht erforderlich war, wirkt der in ihnen überlieferte Stil insgesamt sehr einheitlich.

In Briefen gebrauchten aschkenasische Juden Jiddisch oder Hebräisch oder beide Sprachen nebeneinander. In jiddischen Briefen wurde die eigentliche Mitteilung häufig durch hebräische Eröffnungs- und Schlussformeln eingerahmt, manchmal wurde einem hebräischen Brief ein jiddisches Postskriptum angehängt. Die verschiedenen Schreibstile wandelten sich nicht nur mit den Anlässen, aus denen die Briefe geschrieben wurden (Geschäftsbriefe, Wechsel, Brautwerbung usw.), sondern auch mit den Vorbildern, an denen sich die Schreiber orientierten. Viele Jungen und Mädchen wurden im Briefeschreiben unterrichtet. Den Wert, der auf die korrekte Form gelegt wurde, illustrieren überlieferte Briefsteller mit Musterbriefen für private und geschäftliche Korrespondenz. Je nach sprachlichem Vermögen des Schreibers bewegt sich der Stil im jiddischen Mitteilungsteil der erhaltenen Briefe zwischen der Formelhaftigkeit der Vorlagen und einem individuellen Ausdruck. Ein Beispiel dafür ist der Brief von Samuel Meisel an seinen Onkel Mordechai Meisel von Tymbarg (bei Krakau) nach Prag aus dem Jahr 1588. Samuel Meisel eröffnet sein Schreiben mit einer langen hebräischen Begrüßungsformel und fährt fort:

> *Érschtlech wißt únser álen gesúnt, fil tójsnt mol solt ir sajn zu áler schtunt. Wájter líber féter un schwégerin do schik ich enk den schelíech mejúched das enk solt wißn wu mir sajn.*

> Erstens sollt Ihr wissen, dass wir alle wohlbehalten sind, so soll es Euch tausend Mal zu jeder Zeit auch ergehen. Zweitens, lieber Onkel und liebe Schwägerin, schicke ich Euch hier den Eilboten, damit Ihr wisst, wo wir uns jetzt aufhalten.

Im Anschluss an die gereimte jiddische Eingangsformel für den Mitteilungsteil fällt der Schreiber in eine gewöhnliche Prosa, die auch Ausdrücke in seinem Herkunftsdialekt enthält, so z. B. das typisch zentralostjiddische Pronomen *enk* ‹euch›.

Der Schreibunterricht verhalf vielen Frauen und Männern zu einem Ausdrucksvermögen in Wort und Schrift, das über das mechanische Ausfüllen vorgegebener Muster hinausging, insbesondere wenn sie selbst viel lasen und ihr Beruf mit viel Schreibarbeit verbunden war. Dies zeigt das Beispiel der bereits erwähnten wohlhabenden Hamburger Kauffrau Glikl (bekannt als Glückel von Hameln). Glikl begann 1691 nach dem Tode ihres Ehemannes Chaim Hameln, für ihre zwölf Kinder Memoiren zu verfassen. Ihre Sprache ist reich an Elementen der hebräisch-aramäischen Komponente, was für einen Korrespondenzstil im Jiddischen nicht unüblich war. Im zweiten Kapitel erzählt Glikl:

> *Ich bin in Hamburg gebóren, ober keáscher schomáßi fun májne libe éltern ach ándre, ich bin kejn giml schónim alt gewésen, áleß ále bar-jißréjlim hóben ajn géjresch me-Hámburg gehát un ále músen le-Áltona zíen, wélcheß haméjlech mi-Dénmark jòrem-hóude gehéret un bar-jiß-*

réjlim gúte kijúmim miméjne hóben. Dos Áltona ist koum ajn rewìeß-schó me-Hámburg. Toch Áltona hóben étleche bàle-bátim gewóunt, le-érech kof-héj hóus-haltung, un leschóm hóben mir únser bejß-hakné-ßeß un bejß-hacháјim gehát. Alsóu hóben mir gewóunt toch Áltona ajn zajt lang un éntlech toch Hámburg meschtádl gewésen dos men di bar-jißréjlim be-Áltona hot páßen gében, dos si hóben mégen toch mókem gejn un màße-mátn trájben.

Ich bin in Hamburg geboren, aber wie ich von meinen lieben Eltern und auch anderen Menschen gehört habe, war ich noch keine drei Jahre alt, als alle Juden aus Hamburg ausgewiesen wurden und nach Altona ziehen mussten, das dem König von Dänemark, seine Macht werde erhöht, gehörte und wo die Juden gute Privilegien [Schutzbriefe mit Aufenthaltsrecht] von ihm haben. Altona liegt kaum eine Viertelstunde von Hamburg entfernt. In Altona wohnten mehrere jüdische Hausväter, ungefähr fünfundzwanzig Haushalte, und dort hatten wir unsere Synagoge und unseren Friedhof. So wohnten wir eine Weile in Altona, und schließlich haben wir in Hamburg durch Unterhandlungen erreicht, dass man den Juden in Altona Pässe gegeben hat, sodass sie in die Stadt kommen und dort Handel treiben durften.

Glikls Vertrautheit mit dem formalen Schreibstil zeigt sich nicht zuletzt im Gebrauch von hebräischen Vorsilben bei Orts- und Ländernamen, z. B. *me-Hámburg* ‹aus Hamburg› und *le-Áltona* ‹nach Altona›. Die Adverbien *toch* ‹innerhalb› und *leschóm* ‹dorthin› (beide HAK) scheinen in der gesprochenen Sprache unüblich gewesen und vorwiegend in der geschriebenen Geschäftssprache gebraucht worden zu sein.

Frühes Interesse der Christen am Jiddischen

Die Anfänge gelehrter Beschäftigung mit dem Jiddischen fallen in das 16. Jahrhundert. Christliche deutschsprachige Humanisten, die über das Studium des Hebräischen und das Sammeln hebräischer Schriften auf das Jiddische gestoßen waren, handelten es in ihren Werken über das Hebräische und über das Judentum meist in wenigen Sätzen als sprachliche Kuriosität ab. Ihre Hebräischkenntnisse halfen ihnen, sich in die Lektüre jiddischer Bücher zu vertiefen.

Johann Christof Wagenseils
Belehrung
Der
Jüdisch-Teutschen
Red- und Schreibart.
Durch welche/
Alle so des wahren Teutschen Lesens kundig/
für sich selbsten/ innerhalb wenig Stunden/
zu sothaner Wissenschafft gelangen können.
In einem weitläufftigen Fürtrag wird klärlich erwiesen/
Daß solche Erfahrenheit/
Denen hohen und niedern Obrigkeiten/ wie auch deren Rathgeben/
und andern Rechtsgelehrten/denen Theologis, Medicis, Handels-Leuten/
und insgemein Jedermann/ nutzlich/ auch fast nothwendig sey.
Unter andern Jüdischen Büchern/ wird dargestellet/
מסכת נגעים:
Oder
Das Talmudische Buch von dem Aussatz:
Was es nemlich mit dem Aussatz der Menschen/der Kleider/und der Häuser/
ehemahlen in dem Jüdischen Land/ für eine Bewantnus gehabt.
Zur Zugabe
Wird ein Bedencken beygefüget/ wodurch die viel und lang höchst-strittig
gewesene Frage:
Ob die Heil. Schrifft einem Mann erlaube zwey Schwestern nacheinander zu heyrathen?
Dermaleins zu bescheiden/ und die Bejahung allerdings
fest zu setzen gesucht wird.

Königsberg/ gedruckt in dem MDCXCIX. Heyl-Jahr.
In Verlegung Paul Friederich Rhode/ Buchhändlers daselbst.

Johann Christoph Wagenseil: *Belehrung der Jüdisch-Teutschen Red- und Schreibart*, 1699.

Manche versuchten wiederum, über jiddische Lernhilfen zur Bibel und zur jüdischen Traditionsliteratur ihr Verständnis des Hebräischen auszubauen. Einige von ihnen, wie zum Beispiel Sebastian Münster (1488–1552), standen in einem fachlichen Austausch mit jüdischen Gelehrten; andere hatten jüdische Hebräischlehrer und könnten zumindest passive Kenntnisse des gesprochenen Jiddisch gehabt haben. Im 17. Jahrhundert widmete der barocke Polyhistor und Professor in Altdorf Johann Christoph Wagenseil (1633–1705) dem Jiddischen und anderen jüdischen Themen umfangreiche Schriften, darunter eine *Belehrung der Jüdisch-Teutschen Red- und Schreibart* (offiziell Königsberg, tatsächlich Sulzbach 1699) und eine Abhandlung gegen die Ritualmordlüge.

Von einer Beschäftigung mit dem Jiddischen versprachen christliche Gelehrte sich und ihren Lesern vielfältigen praktischen Nutzen: für die Judenmission, für den geschäftlichen Umgang mit jüdischen Kaufleuten, für die Lektüre medizinischer und anderer nützlicher Bücher und nicht zuletzt für das Verfassen von antisemitischen «Enthüllungsschriften».

Die erste Vorlesung über das Jiddische an einer deutschen Universität wurde 1729 in Halle von dem Professor für orientalische Sprachen Johann Heinrich Callenberg (1694–1760) gehalten. Ein Jahr zuvor hatte Callenberg am Ort das so genannte *Institutum Judaicum et Mohammedicum* zur Ausbildung von Missionaren und zur Verbreitung von Missionsschriften unter Juden und Muslime gegründet. Als Hilfsmittel für die Missionsarbeit veröffentlichte er ein *Jüdischteutsches Wörterbüchlein* (Halle 1736). Sein Schüler Wilhelm Christian Just Chrysander (1718–1788), der auch eine *Jüdisch-Teutsche Grammatick* (Leipzig und Wolfenbüttel 1750) verfasste, versuchte in seinem *Unterricht vom Nutzen des Juden-Teutschen* (Wolfenbüttel 1750) vor allem Theologen für das Erlernen des Jiddischen mit dem Hinweis zu interessieren: *Daß man die Juden mündlich und schriftlich desto besser und kürzer verständigen, mithin desto fördersamer an ihrer Bekehrung arbeiten könne.* Das Institutum Judaicum blieb eine kurze Episode. Das Interesse, das Christen vor allem in Deutschland dem Jiddischen aus wechselnden Motiven entgegenbrachten, sollte sich in den folgenden Jahrhunderten jedoch noch verstärken. Ob die Beschäftigung mit dieser Sprache nun einer seriösen Forschung diente oder nicht, ob sie von intellektueller Neugier oder von fanatisch-religiösen, nationalistischen oder rassistischen Motiven bestimmt war: Nie waren solche Schriften völlig unbeeinflusst von dem aktuellen Diskurs über die Stellung der Juden in der Gesellschaft.

5. *Woß tut me damit?* – Der Niedergang des Westjiddischen

Im 18. Jahrhundert begannen sich die Sprachverhältnisse bei den aschkenasischen Juden in Mittel- und Westeuropa grundlegend zu verändern. Bis dahin waren Jiddisch und Hebräisch die selbstverständlichen Sprachen der inneren Mehrsprachigkeit. In einigen Kreisen und Familien ging man seit jener Zeit dazu über, sich nun auch untereinander in der jeweiligen Landessprache und anderen Verkehrssprachen der Christen zu verständigen.

Der Sprachwechsel in Deutschland

In vielen deutschen Städten war eine neue jüdische Schicht entstanden, die Anschluss an die Kultur und Lebensweise des deutschen und europäischen Bürgertums suchte. Dies ging weit über das reine Zurschaustellen von Statussymbolen wie modischer Kleidung, Mobiliar oder Kaffeegenuss hinaus. Einige strebten nach weltlicher Bildung, andere begnügten sich mit der Lektüre von deutscher Populärliteratur, mit Theater- und Opernbesuchen oder anderen säkularen Unterhaltungsangeboten, bei denen es zu einem zwanglosen Umgang mit Christen kommen konnte. Im Zeitalter der Aufklärung fand die Idee von der Gleichheit aller Menschen weite Verbreitung unter den Intellektuellen des deutschen Bürgertums und weckte bei vielen Juden Hoffnung auf Akzeptanz, wenn nicht völlige Gleichberechtigung.

Die Beherrschung des Hochdeutschen und anderer Fremdsprachen gewann dadurch für sie zunehmend einen persönlichen Wert jenseits eines möglichen geschäftlichen Nutzens. Das Ideal der sicheren Beherrschung des Hochdeutschen und der Unabhängigkeit vom Dialekt gehörte im 18. Jahrhundert bereits fest zum kulturellen Selbstverständnis des deutschen Bürgertums, nicht zuletzt weil es auch eine Abgrenzung gegenüber dem Adel und den unteren Schichten ermöglichte. Dialekte und so genannte niedere Sprecharten wurden in hochdeutschen Komödien und der Populärliteratur stigmatisiert und ihr Gebrauch in Sprachlehrbüchern verdammt. Mit der Übernahme dieser Wertmaßstäbe begannen immer mehr Juden, ihre jiddische Muttersprache bewusst an den grammatischen Regeln und stilistischen Vorbildern der hochdeutschen Schriftsprache zu messen. Hatten sie das Jiddische bis dahin in einem vagen Sinne ohne viel Nachdenken als eine jüdische Form des Deutschen aufgefasst, wurde es für sie nun zu einem schlechten Deutsch, das als Umgangs- und Schreibsprache für ein bürgerliches Leben nicht taugte. Dieser Mentalitätswandel leitete die sprachliche Assimilation an das Hochdeutsche und den allmählichen Rückgang des Jiddischen im deutschen Sprachraum ein.

Der Sprachwechsel vom Jiddischen zum Deutschen verlief uneinheitlich. Einige Juden gingen direkt zum Hochdeutschen über oder versuchten dies zumindest – mit unterschiedlichem Erfolg. Andere näherten ihr Jiddisch bewusst oder unbewusst dem Hochdeutschen an, ohne dabei einen völligen Sprachwechsel für das jüdische Milieu anzustreben. Wieder andere hielten lange am Gebrauch des Jiddischen fest, insbesondere im religiösen Studium.

Äußere Zwänge und die gesellschaftliche Modernisierung trugen zum Sprachwechsel bei. Bereits im 18. Jahrhundert verlangte der Staat in immer mehr Bereichen von Juden den Gebrauch des Hochdeutschen. So durften z. B. Geschäftsbücher nicht mehr auf Jiddisch oder Hebräisch geführt werden. Als im 19. Jahrhundert die allgemeine Schulpflicht durchgesetzt wurde, fand das Hochdeutsche unter den Juden weiteste Verbreitung. Das alte System der inneren Mehrsprachigkeit löste sich dadurch zwar nicht völlig auf, jedoch wurde das Jiddische aus seinen angestammten Funktionsbereichen verdrängt und sank auf den Status einer niedrigen, nur noch gesprochenen Varietät herab. Als Umgangssprache sollte das Westjiddische allerdings erst im Laufe des 20. Jahrhunderts aus Deutschland verschwinden.

Für den innerjüdischen Gebrauch behielt man die vertraute hebräische Schrift auch nach dem Übergang zum Hochdeutschen noch lange Zeit bei. So korrespondierten Anfang des 19. Jahrhunderts die Gebrüder Rothschild von den Filialen ihres berühmten Bankhauses in Frankfurt, Wien, Paris und London aus untereinander auf Hochdeutsch in hebräischer Schrift. In der jüdischen Erziehung in Deutschland wurde dieses so genannte «jüdisch-deutsche Schreiben», d. h. das Schreiben von Deutsch in hebräischen Buchstaben, vereinzelt bis in das 20. Jahrhundert tradiert.

Die Berliner Haskala: Zentrum der jüdischen Aufklärung

Die entschiedensten Befürworter einer Ersetzung des Jiddischen durch die jeweilige Landessprache waren auf jüdischer Seite die Anhänger der Haskala (hebr. *haßkalá*, wörtl. ‹Vernünftigkeit, Einsicht›), der um 1770 entstandenen jüdischen Aufklärungsbewegung. Zentrum dieser Bewegung war im 18. Jahrhundert Berlin, wo sich jüdische Intellektuelle und gebildete Vertreter der neuen jüdischen Mittelschicht um den berühmten Philosophen Moses Mendelssohn (1729–1786) versammelten. Die Anhänger der Haskala, die Maskilim (von hebr. *maßkíl* ‹verständig, vernünftig›), traten für eine religiöse, kulturelle und soziale Erneuerung des Judentums und die volle bürgerliche Emanzipation ein.

Als notwendige Voraussetzung für eine solche Erneuerung sahen die Maskilim die sichere Beherrschung zweier Bildungssprachen: Einerseits sollte ein erneuertes und neu belebtes Hebräisch nicht nur die religiöse Bildung vertiefen und die bewusste Teilnahme an der ererbten jüdischen Religion und Kultur ermöglichen, sondern auch der jüdischen Intelligenz als Literatursprache dienen. Andererseits sollte das Hochdeutsche für alle Belange des öffentlichen Lebens, das staatsbürgerliche Engagement und die Teilnahme an der Kultur des deutschen Bildungsbürgertums Verwendung finden.

Für das Jiddische war im Weltbild der jüdischen Aufklärer kein Platz. Jiddisch galt ihnen als eine «verdorbene Sprache», als ein Gemisch aus schlechtem Deutsch und Hebräisch, als ein Jargon, der in ihren Augen nicht nur Symptom der kulturellen Rückständigkeit der Juden war, sondern auch Ursache für einen für sie offenkundigen moralischen Verfall. Diese Position wurde mit unterschiedlicher Vehemenz verfochten. Mendelssohn, der kein Problem damit hatte, fahrende Talmudschüler bei einer Unterhaltung auf Jiddisch im Geiste der Aufklärung zu belehren, und der in Briefen an seine Verlobte vereinzelt jiddische Ausdrücke gebrauchte, wollte seine Muttersprache dennoch nicht zu offiziellen Zwecken verwendet wissen. Als etwa der christliche Jurist und Staatsbeamte Ernst Ferdinand Klein 1782 bei Mendelssohn anfragte, ob der so genannte Judeneid (d.h. der berüchtigte Eid, den Juden vor christlichen Gerichten schwören mussten und der häufig Verdammungsformeln enthielt) in Zukunft auf Jiddisch vorgetragen werden sollte, widersprach Mendelssohn heftig; er würde

> es sehr ungern sehen, wenn [...] die jüdisch-deutsche Mundart und die Vermischung des Hebräischen mit dem Deutschen durch die Gesetze autorisiert würden. Ich fürchte, dieser Jargon hat nicht wenig zur Unsittlichkeit des gemeinen Mannes beigetragen, und [ich] verspreche mir sehr gute Wirkung von dem unter meinen Brüdern seit einiger Zeit aufkommenden Gebrauch der reinen deutschen Mundart. (Brief an Ernst Ferdinand Klein, 28. August 1782)

Diesen und ähnlichen Äußerungen der Maskilim lag die Annahme zugrunde, dass nur in einer kultivierten und vor allem «reinen» Sprache klare Begriffe und Anschauungen vermittelt werden konnten. Der radikale jüdische Aufklärer David Friedländer (1750–1834) forderte daher 1788 in einem offenen Brief von den deutschen Juden, die neue erstrebte Zweisprachigkeit von Hebräisch und Hochdeutsch in der Erziehung jüdischer Kinder von klein auf zu verankern:

> Das unter uns übliche Jüdisch-Deutsch, eine regellose, verstümmelte, und außer unserem Kreise unverständliche Sprache, müsste ganz abgeschafft, und sowohl die heilige als [auch] die deutsche Muttersprache auf eine methodische Weise in früher Jugend gelehrt werden; nur alsdann sei es möglich, den Grund zu einer zweckmäßigen und vernünftigen Bildung der Jugend zu legen. Wenn das Kind, wie jedermann eingestehen

wird, in der sogenannten jüdisch-deutschen Sprache keine richtige [sic] Begriffe von irgendeinem Dinge in der Welt erlangen kann, wie soll es denn im reiferen Alter nach richtigen Grundsätzen handeln? (*Sendschreiben an die deutsche* [sic] *Juden*, Berlin 1788, S. II-IV. Original Hochdeutsch in hebräischer Schrift)

Die ablehnende Haltung der Maskilim zum Jiddischen kommt auch deutlich in zwei für ein jüdisches Publikum verfassten deutschen Aufklärungskomödien zum Ausdruck, in denen Missstände in der jüdischen Gesellschaft im Preußen des späten 18. Jahrhunderts angeprangert werden: *Reb Henoch, oder: Woß tut me damit?* (Berlin 1793) von Isaak Euchel (1756–1804) und *Leichtsinn und Frömmelei* (Breslau 1796) von Aaron Halle-Wolfssohn (1756–1835). In diesen Komödien wird der verpönte «Jargon» als Element der Figurenzeichnung verwendet. Bei Wolfssohn sprechen die unaufgeklärten, rückständigen Figuren Jiddisch, der aufgeklärte positive Held reines Hochdeutsch. Euchels Bild der Sprachverhältnisse ist deutlich naturalistischer. In seinem *Reb Henoch* treten auch Figuren auf, die zwischen den Registern und Sprachen, zwischen reinem Deutsch und echtem Jiddisch wechseln oder aber Sprachen und Dialekte miteinander vermischen. Wie bei Wolfssohn erscheint das Jiddische letztlich auch bei Euchel als ein natürliches Zeichen einer rückwärts gewandten Mentalität. Dennoch schöpfte Euchel die stilistische Vielfalt und den Ausdrucksreichtum des lebendigen gesprochenen Westjiddisch mit sichtlicher Freude am Wortwitz und am Spiel mit der Sprache voll aus.

Der Sprachwechsel in Westeuropa

Die oben beschriebene Entwicklung verlief in den übrigen Ländern, in denen Westjiddisch gesprochen wurde, auf mehr oder weniger ähnliche Weise wie in Deutschland, wenn auch vielleicht in stärkerem Maße vielsträngig. Dort, wo die Landessprache nicht das Deutsche war, konnten sowohl das Deutsche als auch die Landessprache in einer Übergangsphase die Funktionen des Jiddischen übernehmen oder zumindest neben das Jiddische treten. Für die

Korrespondenz untereinander gebrauchten aschkenasische Juden dabei nicht selten Deutsch in hebräischen Buchstaben.

Diese Erscheinungen lassen sich besonders gut am Beispiel der Niederlande beobachten. In Amsterdam, dem Zentrum des jiddischen Buchdrucks, orientierten sich einige Autoren und Setzer schon im frühen 18. Jahrhundert am Hochdeutschen. Die überregionale Schreibsprache, für die es keine Lehrbücher oder Normgrammatiken gab, beherrschten sie nur noch unvollkommen. Ihr regionales Westjiddisch war zu dieser Zeit bereits derart stark durch das Niederländische beeinflusst, dass es als Schreibsprache für den jiddischen Buchmarkt in Mittel- und Osteuropa nur wenig brauchbar war. In dieser Situation konnte ihnen das Hochdeutsche, das sie als die dem Jiddischen ähnlichste Hochsprache empfanden, ersatzweise als Richtschnur für einen literarischen Sprachgebrauch dienen. Nicht zufällig wurde das Jiddische damals in den Niederlanden als *de Joodse Hoogduitse taal* (‹die jüdische hochdeutsche Sprache›) bezeichnet, während der offizielle Name der Landessprache *Nederduits* (‹Niederdeutsch›) war.

In der Zeit um 1800 erlangte das Hochdeutsche im Zuge des Sprachwechsels neben dem Niederländischen besonders im schriftlichen Bereich eine vorübergehende Bedeutung. Am Ende dieser Entwicklung orientierten sich die niederländischen Aschkenasim ausschließlich an der Landessprache und lernten das Hochdeutsche nur noch als Fremdsprache.

Für den regionalen Buchmarkt wurden noch bis in die ersten Jahrzehnte des 19. Jahrhunderts neue Werke im niederländischen Westjiddisch produziert. Bei den meisten handelte es sich um kleine Broschüren oder Einblattdrucke zu Unterhaltung und Zeitvertreib. Dass das Westjiddische allerdings auch zum Führen politischer Debatten taugte, zeigen die *Dißkúrßn* («Unterhaltungen», 1797–1798), eine Serie von Polemiken aus der Zeit der Französischen Revolution. Nachdem die Juden 1796 unter französischer Besatzung erstmals volle Bürgerrechte erhalten hatten, wurde in der aschkenasischen Gemeinde Amsterdam ein erbitterter Streit um eine politische und religiöse Modernisierung ausgetragen. Die streitenden Parteien verspotteten und verleumdeten einander und stellten ihre Argumente in der Form fiktiver Gespräche – *Dißkúrßn* – in den zu diesem Zweck gedruckten wöchentlichen Pamphleten vor. Die literarische Gattung der *Dißkúrßn* verlangte den Einsatz eines lebendigen, umgangssprachlichen Amsterdamer Westjiddisch, in Ansätzen auch die Wiedergabe verschiedener Stilebenen des Jiddischen.

Wie in anderen europäischen Staaten verhalf die Einführung der allgemeinen Schulpflicht im 19. Jahrhundert auch in den Niederlanden der Landessprache zu einer beherrschenden Stellung, die die sprachliche Assimilation der Juden förderte. Der Prozess des Sprachwechsels zog sich über fast drei Jahrhunderte hin. Einige vollzogen den Wechsel zur Landessprache früher, andere später. Im Laufe des 20. Jahrhunderts gaben die Juden in allen europäischen Ländern das Westjiddische endgültig als Umgangssprache auf. Die letzten Reste des Westjiddischen wurden von Wissenschaftlern nach dem Zweiten Weltkrieg im Elsass, der Schweiz und in Südwestdeutschland aufgezeichnet.

Spuren des Westjiddischen

Auch nach dem Wechsel vom Westjiddischen zur Landessprache kamen bei den aschkenasischen Juden in West- und Mitteleuropa jiddische Ausdrücke nie völlig außer Gebrauch. Vor allem Begriffe des religiösen Lebens (z. B. *kóscher*) und Bezeichnungen genuin jüdischer Gegenstände (z. B. *mesúse*) hatten keine Entsprechung in den neu erworbenen Sprachen und ließen sich daher nicht einfach ersetzen. Selbst dort, wo eine solche Ersetzung möglich war, blieb man doch gerne beim Vertrauten. Außer im Gespräch mit Nichtjuden käme wohl kaum ein Jude auf den Gedanken, seine *tfiln* als «Gebetsriemen» zu bezeichnen. Auf diese Weise bildete sich in den neu erworbenen Hochsprachen der Juden ein Sonderwortschatz heraus, der viele jiddische Wörter enthielt.

Vor allem Wörter der Hebräisch-Aramäischen Komponente wurden mehr oder weniger unverändert entlehnt. Wörter der deutschen Schriftsprache erweiterten unter dem Einfluss des Jiddischen ihre Bedeutung. So konnte dt. *ausreden* im jüdischen Sonderwortschatz nach dem Vorbild von jidd. *ójßredn* auch bedeuten: ‹die kurzgefasste Auslegung einer Bibelstelle nach einem rabbinischen

Kommentar noch einmal ausführlich darlegen›. Bei einem Teil des Sonderwortschatzes handelt es sich um so genannte Lehnübersetzungen, wie z. B. jüd.-ndl. *overmaand* von jidd. *íber-chòjdesch* ‹Schaltmonat im jüdischen Kalender›, zusammengesetzt aus jidd. *chójdesch* ‹Monat› und *íber* ‹die Zwischenschaltung› (beide HAK). Bei dieser Entlehnung wurde das erste Wort *íber* schematisch wie die gleichlautende, häufig gebrauchte jiddische Vorsilbe *íber-* ‹über-› als *over-* in das Niederländische übersetzt. Viele zusammengesetzte Ausdrücke wurden nur teilweise übertragen, so z. B. jidd. *tfiln lejgn* als dt. *Tefillin legen* – ‹Gebetsriemen anlegen›, engl. *to lay Tefillin*, ndl. *tefilin leggen*.

Viele Juden in West- und Mitteleuropa bewahrten sich ein ambivalentes Verhältnis zur Sprache ihrer Vorfahren. Mal blickten sie mit Verachtung auf die abgelegte Sprache des «Ghettos» zurück, mal verklärten sie das Jiddische leicht nostalgisch als Ausdruck einer guten alten Zeit, in der Juden noch echt jüdisch lebten. Nicht selten setzten sie die letzten westjiddischen Phrasen und Wörter, die ihnen noch geläufig waren, als Kolorit eines «jüdischen Humors» ein. Aus dem 19. und 20. Jahrhundert sind daher nicht wenige humoristische Schriften und nostalgische Erzählungen in oder mit «jüdischer Mundart» überliefert, in denen meist ein eher rudimentäres Jiddisch in lateinischen Buchstaben wiedergegeben wird.

6. Kulturelle Strömungen in Osteuropa

Im 18. Jahrhundert veränderte sich die politische Landkarte Osteuropas grundlegend. Die polnisch-litauische Adelsrepublik, in der zu dieser Zeit die Mehrheit der aschkenasischen Juden lebte, wurde wiederholt von Kriegen und innenpolitischen Krisen erschüttert und zwischen 1772 und 1795 von den angrenzenden Mächten Preußen, Österreich und Russland aufgeteilt. Die verschiedenen Einrichtungen der Selbstverwaltung, die den aschkenasischen Juden als einem eigenen Stand innerhalb des polnischen Feudalsystems zur Verfügung standen, verloren im Laufe dieses Jahrhunderts an Handlungsfähigkeit und Ansehen. Die Hauptvertretung der jüdischen Bevölkerung in Polen-Litauen, die so genannte Vierländersynode, wurde 1764 sogar ganz abgeschafft. Ab der Jahrhundertmitte wurden die Juden in den osteuropäischen Ländern zunehmend Gegenstand von Reformen, die die Regierungen im Zuge verschiedenster Zentralisierungs- und Modernisierungsbestrebungen in die Wege leiteten.

Vor den polnischen Teilungen waren Juden im Zarenreich nicht geduldet worden, doch nun kamen sie in großer Zahl unter russische Herrschaft. Zarin Katharina II. verfügte 1791, dass sich Juden nur innerhalb der von Polen annektierten Gebiete und in den neu eroberten Gegenden nördlich des Schwarzen Meeres niederlassen durften. Dieses Territorium wurde als Ansiedlungsrayon (jidd. *tchum-hamójschew*, HAK) bezeichnet. Österreich erhielt durch die Teilungen Polens mit den neu geschaffenen Kronländern Galizien und Lodomerien Gebiete mit einer starken jüdischen Bevölkerung, die die Zahl der in den anderen Reichsteilen ansässigen Juden bei weitem überstieg. Die kulturellen und wirtschaftlichen Verbindungen zwischen den jüdischen Einwohnern diesseits und jenseits der neuen Grenzen bestanden in den Teilungsgebieten bis weit ins 19. Jahrhundert fort.

Anfänge einer neuen Buchsprache

In jener Zeit sind auf dem jiddischen Buchmarkt deutliche Veränderungen zu beobachten. Es wurde nicht nur allgemein mehr gedruckt, auch verlagerte sich im späten 18. Jahrhundert der Schwerpunkt des jiddischen Buchdrucks nach Osteuropa. Die osteuropäischen jüdischen Druckereien bedienten vor allem den stark wachsenden Markt vor Ort. Diese Neuausrichtung ging mit einem Wandel der Buchsprache einher, der sich anhand der Neuauflagen gut verkäuflicher Werke wie der *Zeneréne* verfolgen lässt. Die bis dahin im Buchdruck gebrauchten überregionalen Schreibsprachen spiegelten die im späten 18. Jahrhundert gesprochenen ostjiddischen Dialekte entweder gar nicht oder nur in Ansätzen wider (vgl. Kap. 4, S. 66).

Seit dieser Zeit jedoch bearbeiteten viele Drucker die Texte der Neuauflagen sprachlich für osteuropäische Leser und näherten sie stärker an deren gesprochenes Jiddisch an. So wurde das Präteritum, also die einfache Vergangenheitsform, das längst aus der Umgangssprache verschwunden war, durch ein erzählendes Präsens oder durch das zusammengesetzte Perfekt ersetzt. Solche Modernisierungen waren zwar bereits in früherer Zeit sporadisch vorgenommen worden, doch nun treten die spezifisch ostjiddischen Eigenarten auffälliger hervor. Das Hilfsverb für das Futur *wern* (*… wert Awróm heróußgejn,* ‹… wird Abraham hinausgehen›) wird z.B. durch die modernen ostjiddischen Formen *(ich) wel*, *(du) weßt*, *(er) wet*, *(mir) weln*, *(ir) wet*, *(sej) weln* ersetzt (*… wet Awróm arójßgejn*). Im Akkusativ schreibt man für den bestimmten Artikel nur noch die moderne Form *dem* anstelle des alten *den*. Varianten der Schriftsprache, die dem Deutschen nahe stehen, wie etwa *heróuß*, *ist*, *und*, *daß*, werden endgültig aufgegeben zugunsten von Formen, die dem Ostjiddischen eigen sind, wie *arójß*, *is*, *un*, *as*. Westjiddische Bezeichnungen für Gegenstände werden zunehmend durch ostjiddische Ausdrücke ersetzt, wodurch auch mehr Wörter der slawischen Komponente im Text erscheinen. Statt *ōrn* (‹beten›), *teschn* (‹Taschen›), *flikn* (‹Flicken›) setzten die Drucker z.B. die dem Leser geläufigen Ausdrücke *dáwnen* (HAK), *késcheneß* (SlK), *láte* (SlK) ein.

In der ersten Hälfte des 19. Jahrhunderts entstehen schließlich neue Buchsprachen, deren grammatische Grundlage ostjiddisch ist. Seit dieser Zeit schreiben alle Autoren z.B. durchgängig *mir weln* im Futur und *as* für ‹dass›. Auch der Wortschatz wird zum überwiegenden Teil modernisiert.

Der Chassidismus: eine spiritualistische Massenbewegung

Aus den vielfältigen religiösen und ideologischen Strömungen des aschkenasischen Judentums traten im 18. Jahrhundert jene drei Hauptkräfte hervor, die die Kultur der osteuropäischen Juden für längere Zeit nachhaltig prägen sollten: der Chassidismus (jidd. *chßídeß*), die Haskala (jidd. *haßkóle*) und die anti-chassidische Orthodoxie (jidd. *mißnágdeß*). Der erbitterte Kampf dieser drei Strömungen um kulturelle Vorherrschaft bereicherte die jiddische Literatur um neue Werke und Gattungen und förderte langfristig den Aufstieg des Jiddischen zu einer modernen Literatursprache, obwohl dies gar kein Anliegen der drei Ideologien war.

Der Chassidismus ist eine jüdische Frömmigkeitsbewegung, die von mystischer und ekstatischer Religiosität geprägt und mit der Gestalt und den Lehren des Israel ben Elieser (jidd. Jißróel ben Eljéser, ca. 1700-1760), genannt der Baal Schem Tow (‹Meister des Guten Namens›, abgekürzt: der Bescht), verbunden ist. Als Baal Schem (‹Meister des [göttlichen] Namens›) wird im Jiddischen ein religiöser Heiler, Wundertäter, Lehrer und Mittler zwischen den Welten bezeichnet. Der ursprünglich asketische und elitäre Chassidismus wurde in wenigen Generationen zu einer populären und spiritualistischen Massenbewegung mit voneinander unabhängigen Zentren, die von Dynastien so genannter Rebbes (jidd. *rébe*, wörtl. ‹religiöser Lehrer›, HAK) geführt wurden. Der Glaube an die Gestalt des mit übernatürlichen Kräften ausgestatteten Rebbe oder

Zaddik (jidd. *zádik,* wörtl. ‹Gerechter›, HAK) wurde nun ein wesentliches Kennzeichen dieser religiösen Strömung.

Der Chassidismus nahm seinen Ausgangspunkt in Podolien (Ukraine) und verbreitete sich rasch über einen Großteil des aschkenasischen Osteuropa. Anfang des 19. Jahrhunderts gab es chassidische Zentren in Zentral- und Südpolen, der Ukraine, Belarus, Teilen Litauens, Ungarns und der Slowakei. Zur Verbreitung ihrer Lehre setzten die Chassidim Predigten ein und griffen auf Erzählungen über den Bescht und andere Zaddikim zurück. Dabei spielte das gesprochene Jiddisch eine wichtigere Rolle als schriftliche Werke in hebräischer Sprache.

Dadurch wurde das Jiddische jedoch nicht aufgewertet. Auch die Chassidim stellten das Hebräische über das Jiddische. Die theoretischen und spekulativen Lehren des Chassidismus wurden auf Hebräisch niedergeschrieben und ab 1780 in dieser Sprache veröffentlicht. Dagegen wurden die *Schìwche ha-Béscht* (‹Preisungen des Bescht›), eine Sammlung von Wundergeschichten über den Bescht und andere Zaddikim, die wohl bereits über einen längeren Zeitraum mündlich auf Jiddisch tradiert worden war, erst 1815 in einer zweisprachigen hebräisch-jiddischen Ausgabe gedruckt. Von diesem Jahr an produzierten die Chassidim eigene Bücher in jiddischer Sprache. Darin gebrauchten sie ein Ostjiddisch, das häufig Merkmale der von ihnen gesprochenen Dialekte trägt. Die Schaffung einer überregionalen Buchsprache lag nicht in ihrem Horizont.

Die Herausgeber der *Schìwche ha-Béscht* behaupteten im Vorwort, dass die jiddische Fassung aus dem Hebräischen übersetzt worden sei. Damit wollten sie dem Werk vermutlich ein höheres Prestige verleihen. Die lebendige und ausdrucksreiche Sprache der jiddischen Fassung erweckt allerdings den Eindruck, dass der Text in hohem Maß auf der mündlichen Überlieferung beruht. Eine Erzählung handelt von der wundersamen Errettung des Rabbi Gerschon von Kutov durch den Propheten Elia, der nach jüdischem Volksglauben unerkannt auf Erden wandelt und Juden in Not zu Hilfe kommt:

> *Ich bin schíer dertrúnken gewórn. Ich hob nit gekónt kejn schum wort aróјßredn afíle kejn wíde hob ich nit geként sogn. Derwájl is a terk aróјß-*

gegangen fun der schif un hot mich mazl gewén, hob ich mich geléjgt af di brégeß fun der schif, un ich bin gelégn an érech fun zwej scho un hob séjer geméjket máchmeß di wáßer woß ich hob genúmen in mojl. Dernóch bin ich zu sich gekúmen un hob óngeton májne malbúschim un hob gesúcht dem terk. Ich hob im gewólt bazóln far der tójwe woß er hot mir getón, hob ich gesúcht, in der gánzer schif is nit gewéjn kejn schum terk, hob ich mir mescháer gewésn as eß hot gemúst sajn Èlje-nówi.

Ich bin fast ertrunken. Ich konnte kein einziges Wort herausbringen, nicht einmal das letzte Schuldbekenntnis. Inzwischen kam ein Türke an Deck und hat mich gerettet. Da habe ich mich an die Bordkante gelegt und fast zwei Stunden gelegen und mich stark erbrochen von dem Wasser, das ich verschluckt hatte. Dann bin ich wieder zu mir gekommen und habe meine Kleider angelegt und den Türken gesucht. Ich wollte ihn für seine gute Tat belohnen, die er mir getan hat, so habe ich auf dem ganzen Schiff gesucht, und dort war keine Spur von einem Türken. Da bin ich darauf gekommen, dass er der Prophet Elia gewesen sein musste.

Wie dieses Beispiel sind die gesamten *Schìwche ha-Béscht* in einem umgangssprachlichen Ostjiddisch verfasst: Relativsätze werden durch das typisch ostjiddische *woß* eingeleitet, es gibt kein Präteritum, die Adjektive werden nach dem modernen Muster gebeugt *(in der gánzer schif)*, und der Text enthält Wörter der slawischen Komponente wie z. B. *brégeß* (vgl. poln. *brzeg* ‹Ufer, Kante›).

Das wohl bekannteste chassidische Werk sind die *Ssipùre májßeß* (‹Erzählungen›) des Rabbi Nachman von Bratzlaw (Reb Náchmen Bréßlewer, 1772–1811), eines Urenkels des Bescht. Diese Sammlung mystisch-allegorischer Erzählungen erschien erstmals 1815 in einer zweisprachigen hebräisch-jiddischen Ausgabe, die bis in die Gegenwart nachgedruckt wird. Die fantastischen, märchenhaften und vieldeutigen Elemente der Erzählungen und ihre teilweise verwickelten Handlungsfäden machten das Buch rasch über chassidische Kreise hinaus populär. Heute gelten die *Ssipùre májßeß* als ein frühes Meisterwerk der modernen jiddischen Literatur.

Die jiddischen Texte des Chassidismus sind häufig in einem erkennbaren Stil mit charakteristischen Redewendungen verfasst. Es bildete sich eine chassidische Gruppensprache heraus, die das moderne Jiddisch beeinflusste. Die Chassidim bereicherten die jiddische Umgangssprache um Begriffe der jüdischen Mystik wie *hiß-*

pájleß ‹Begeisterung, Ekstase› oder *dwéjkeß* ‹mystische Anheftung an Gott› (beide HAK), die später sogar in die Literatursprache eingingen. Sie prägten neue Begriffe wie z. B. *gúter jid* ‹(jüd.) Wunderwirker, chassidischer Rebbe› (wörtl. ‹guter Jude›) und gaben einzelnen Wörtern eine neue Bedeutung. Früher bedeutete *chóßed* einfach ‹fromm› und *zádik* ‹gerecht› (beide HAK). Die Chassidim nahmen diese Bezeichnungen mit derartigem Eifer für sich allein in Anspruch, dass *chóßed* im heutigen Jiddisch zu allererst ‹Anhänger des Chassidismus› bedeutet und *zádik* ‹chassidischer Rebbe›.

Die anti-chassidische Orthodoxie

Wie andere religiöse Neuerungen rief auch der Chassidismus bei den etablierten jüdischen Gelehrten Misstrauen hervor, aus dem schnell offene Feindschaft wurde. Die orthodoxen Rabbiner sahen im Chassidismus eine gefährliche Irrlehre, die sie in theologischen Schriften und durch innergemeindliche Zwangsmittel wie den Bann zu bekämpfen versuchten. Gegen die ekstatisch-mystische Religiosität der Chassidim, zu der auch Tänze und ausgelassenes Feiern gehörten, setzten sie traditionelle Tora-Gelehrsamkeit und Askese. Von den Chassidim wurden sie in hebräischen Polemiken als Misnagdim – ‹Gegner› (jidd. *mißnágdim*) bezeichnet, was sie als Ehre empfanden und nicht ohne Stolz als Namen für die eigene orthodoxe Richtung übernahmen. Der wichtigste Vertreter der Misnagdim war Elia ben Salomo Salman, genannt der Gaon (‹der überragende Gelehrte›) von Wilna (1720–1797). Die Bastionen der anti-chassidischen Orthodoxie lagen vor allem in Litauen und Belarus.

Die Misnagdim sahen keinen Grund, etwas an der traditionellen hebräisch-jiddischen Zweisprachigkeit zu ändern. Einige von ihnen widmeten sich nicht nur religiösen Studien, sondern beschäftigten sich auch mit weltlichen Gegenständen wie z. B. Naturwissenschaften oder Geometrie. Ihre gelehrten und theoretischen Schriften verfassten sie jedoch auf Hebräisch. Die Sprachen der Nichtjuden blieben geschäftlichen Zwecken und dem äußeren Gebrauch vorbehalten.

In der zweiten Hälfte des 19. Jahrhunderts gingen die Auseinandersetzungen zwischen Misnagdim und Chassidim zurück, weil beide Gruppen sich gleichermaßen von den Kräften der allgemeinen Modernisierung und der beginnenden Akkulturation an die Welt der Nichtjuden bedroht sahen. Überdies war in der Zwischenzeit beiden Richtungen mit der Haskala ein entschlossener Gegner erwachsen.

Die Haskala: eine bildungsbewusste Elite

Ende des 18. Jahrhunderts breitete sich die jüdische Aufklärungsbewegung von Berlin nach Osteuropa aus. Einige der ersten osteuropäischen Maskilim erhielten die Anregung zu ihrem Engagement aus persönlichem Umgang mit Moses Mendelssohn und seinen Schülern. Eine stärkere und dauerhaftere Rolle bei der Verbreitung aufgeklärter Ideen haben jedoch die Schriften der Maskilim gespielt. Anders als der Chassidismus wurde die Haskala nie zu einer Massenbewegung und konnte auch das kulturelle und religiöse Leben in den jüdischen Gemeinden nicht bestimmen.

Von der Berliner Haskala (s. Kap. 5) übernahmen die osteuropäischen Maskilim die Ansichten und Wertmaßstäbe zu den Sprachverhältnissen der Juden. Das Jiddische wurde als ein «barbarischer Jargon» verachtet, den es langfristig abzuschaffen galt, das Hebräische als ästhetisch «vollkommene» «heilige» Sprache nahezu religiös verehrt. An die Stelle der hebräisch-jiddischen Diglossie sollte eine voll entwickelte hochsprachliche Zweisprachigkeit von Hebräisch und der jeweiligen Landessprache der Juden treten. Die gesellschaftlichen Bedingungen in Osteuropa unterschieden sich allerdings grundlegend von denen in Deutschland oder etwa den Niederlanden.

Die osteuropäischen Reiche waren Vielvölkerstaaten, in denen sehr unterschiedliche Sprachen nebeneinander gesprochen wurden und in denen es mehrere Hochsprachen gab. In vielen Regionen war ein nichtjüdisches Bürgertum, an das sich die aschkenasischen Juden hätten akkulturieren und sprachlich assimilieren können, erst schwach ausgebildet oder noch gar nicht vorhanden. Vor allem in den neu eroberten Territorien Österreichs und Russlands sprachen die alteingesessenen lokalen Eliten eine andere Sprache als der Hof oder die Kanzlei der Hauptstadt. So hielt der Adel im österreichischen Galizien nach 1772 am Polnischen fest, ebenso in den russisch beherrschten Teilungsgebieten nach 1793. In dieser Situation konnten alle Bestrebungen, eine einheitliche Staatssprache einzuführen und in der Bevölkerung zu verbreiten, wie etwa unter dem österreichischen Kaiser Joseph II. (Regierungszeit 1765–1790) das Neuhochdeutsche, nur begrenzte Reichweite haben und waren wenig erfolgreich. In den Territorien der ehemaligen polnisch-litauischen Adelsrepublik wechselten die Herrschaftsverhältnisse und die politische Ordnung in der Zeit zwischen der ersten Teilung 1772 und dem Ende der Napoleonischen Kriege 1815 mehrfach, und die Grenzen wurden wiederholt neu gezogen. Während die endgültige politische Zugehörigkeit dieser Territorien bis zum Wiener Kongress ungewiss blieb, wurde die feudale Wirtschaftsordnung durch die Umbrüche noch nicht grundsätzlich infrage gestellt. Aus all diesen Gründen stand den aschkenasischen Juden in ihren osteuropäischen Hauptwohngebieten bis Mitte des 19. Jahrhunderts kein eindeutig vorgezeichneter Weg der Akkulturation und sprachlichen Assimilation vor Augen.

Die russische Regierung erließ 1804 für ihre jüdischen Untertanen ein Statut, das für jüdische Schulen im Ansiedlungsrayon allein die Unterrichtssprachen Deutsch, Polnisch oder Russisch vorsah, auch sollten alle offiziellen oder geschäftlichen Dokumente nur in einer der drei Sprachen verfasst sein. Ein flächendeckendes System moderner staatlicher Schulen, an denen jüdische Kinder in diesen Sprachen hätten unterrichtet werden können, gab es in der ersten Hälfte des Jahrhunderts jedoch nicht. Einige Juden versuchten aus eigenem Antrieb, Polnisch, Russisch oder Deutsch auf schriftsprachlichem Niveau zu erlernen, ohne gleichzeitig das Jiddische völlig aufgeben zu können oder zu wollen. Die Mehrheit blieb jedoch einfach beim Jiddischen.

Die osteuropäischen Maskilim wählten unterschiedliche Sprachen für ihre Veröffentlichungen. Denkschriften an die nichtjüdische Obrigkeit verfassten sie in einer der offiziellen oder Bildungssprachen wie Polnisch, Deutsch, Russisch oder Französisch. Programmatische Schriften für ein jüdisches Publikum und Werke mit literarischem Anspruch schrieben sie vorwiegend auf Hebräisch.

Wer jedoch eine möglichst breite jüdische Leserschaft erreichen wollte, wählte Jiddisch und nicht Hebräisch. Die meisten Männer waren zu wenig gebildet, um die hebräischen Werke der Maskilim, die in einem anspruchsvollen Stil geschrieben waren und viele neu geprägte Wörter enthielten, überhaupt verstehen zu können. Frauen konnten in der Regel viel weniger Hebräisch als Männer.

Das Jiddische bot sich besonders an, um nützliches Wissen in der Bevölkerung zu verbreiten. Eines der ersten jiddischen Werke der osteuropäischen Haskala war denn auch ein Gesundheitsratgeber. 1790 veröffentlichte der Arzt Mójsche Markúse (1743–?) in Poryck (heute Pawliwka, Ukraine) sein *Ssèjfer refúeß haníkre éjser Jißróel* (‹Das Medizinbuch, genannt Hilfe Israels›), eine Bearbeitung von Hans Caspar Hirzels *Anleitung für das Landvolk in Absicht auf seine Gesundheit* (Zürich 1763), die wiederum auf eine französische Vorlage des Schweizer Arztes Simon-André Tissot zurückgeht. In seinem Buch rechtfertigte sich Markuse gegenüber den Lesern mehr als einmal dafür, dass er das Werk auf Jiddisch geschrieben habe, genauer: auf Ostjiddisch, das er *pójlisch-tajtsch* ‹polnisches Jiddisch› nennt:

> *Ich schem mich un mus ojß mir sélber lachn wi fálesch mir réjdn, und ich hob óber kejn bréjre nit. Ich mus ajch zu farschtéjn gebn. Wi wet ir mich farschtéjn, woß ich mejn, wen ich wel ajch rejn tajtsch schrajbn?*
>
> Ich schäme mich und muss über mich selber lachen, wie falsch wir doch sprechen, aber ich habe keine Wahl. Ich muss Euch verständlich sein. Wie könntet Ihr verstehen, was ich meine, wenn ich für Euch reines Deutsch schreiben würde?

Solche Rechtfertigungen wurden ein häufig wiederkehrender Gemeinplatz in den jiddischen Schriften der Haskala.

Menachem Mendel Lefin. Eine zentrale Gestalt der jüdischen Aufklärung in Osteuropa war Menachem Mendel Lefin, genannt Satanower (Menáchem-Mendl Léfin Ssátanower, 1749–1826), der die meiste Zeit seines Lebens in Galizien und Podolien (heute Ukraine) verbrachte. Lefin verfasste eine Vielzahl aufgeklärter Schriften in hebräischer, deutscher und französischer Sprache, und nicht zuletzt die ersten modernen Bibelübersetzungen auf Ostjiddisch. Als Vorbild diente ihm die in hebräischer Schrift gedruckte deutsche Pentateuch-Übersetzung Moses Mendelssohns, den er noch persönlich kennengelernt hatte. Lefin übersetzte die Psalmen, die Weisheitsbücher Kohelet (Der Prediger, erhalten in einer Zierhandschrift von 1819, gedruckte Fassung Odessa 1873), die Sprüche Salomos (Buch der Sprichwörter, gedruckt Tarnopol 1814) und das Buch Ijov (Hiob, Ijob) sowie die Klage Jeremias (Klagelieder). Als Übersetzungssprache wählte Lefin bewusst den jiddischen Dialekt seiner podolischen Heimat. Auf diese Weise brach er radikal mit der Sprache der jiddischen Bibelübersetzungstradition. Das erste Buch, das Lefin nachweislich übersetzt hat (vermutlich schon vor 1788), ist Kohelet (Der Prediger):

Ssèjfer kojhéleß
1. Doß sénen di wérter kojhéleßeß, Dówidß sun, méjlech in Jeruscholájim.
2. Héwel hawólim, flegt kojhéleß zu sogn, héwel hawólim, álding is
héwel. 3. Woß kumt dem mentschn deróјß mit ále sájne horewánje, woß
er derhórewet sich nor únter der sun. 4. Ejn dor gejt farbáj, un an ánder
dor kumt wíder uf, nor di erd blajbt asój éjbik schtejn. 5. Gejt wíder uf di
sun, fargéjt wíder di sun, alz in ir ru arájn, si gejt, si schnapt nor ahín.
6. Er gejt ken dórem un drejt sich ojß ken zofn, arúm un arúm gejt ojß der
wint un asój kumt óber a mol ojß der wint der éjgener. 7. Ále tajchn géjen
in jam arájn, un der jam gejt noch alz nischt íber; wuhín di tajchn géjen,
farschtéj, dortn arúm géjen sej táke wíder zurík. 8. Ále sachn mátern sich,
nor eß ken kejn mentsch nor nischt alz ójßredn, kejn ojg ken sich derón
nischt sat ónkukn un kejn ójer ken sich nischt genúg ful ónhern. 9. Woß a
mol is gewésn, doß éjgene wet táke wíder sajn, un woß eß flegt sich zu
ton, doß wet sich wíder ále mol ton, ß'is gor alz kejn nowíne nischt únter
der sun.

Der Prediger
1. Dies sind die Reden des Predigers, des Sohnes Davids, des Königs zu
Jerusalem. 2. Es ist alles ganz eitel, sprach der Prediger, es ist alles ganz
eitel. 3. Was hat der Mensch für Gewinn von all seiner Mühe, die er hat
unter der Sonne? 4. Ein Geschlecht vergeht, das andere kommt; die Erde
aber bleibt immer bestehen. 5. Die Sonne geht auf und geht unter und

läuft an ihrem Ort, dass sie dort wieder aufgehe. 6. Der Wind geht nach Süden und dreht sich nach Norden und wieder herum an den Ort, wo er anfing. 7. Alle Wasser laufen ins Meer, doch wird das Meer nicht voller; an den Ort, dahin sie fließen, fließen sie immer wieder. 8. Alles Reden ist so voll Mühe, dass niemand damit zu Ende kommt. Das Auge sieht sich niemals satt, und das Ohr hört sich niemals satt. 9. Was geschehen ist, eben das wird hernach sein. Was man getan hat, eben das tut man hernach wieder, und es geschieht nichts Neues unter der Sonne.

Die Übersetzung zeigt schon nahezu alle grammatischen Eigenarten des modernen Ostjiddisch und ist reich an idiomatischen Ausdrücken. Lefin bildet das Futur in der modernen Form (*wet … sajn*) und gebraucht das südost- und zentralostjiddische *sénen* für ‹sind›. Nach dem aus dem Slawischen entlehnten Muster drücken einzelne Vorsilben die Vollendung einer Handlung aus: *alz ójßredn* (‹Alles bis zum Ende aussprechen›), *sich sat ónkukn* (‹sich satt sehen›), *sich ful ónhern* (‹sich satt hören›). Wörter der slawischen Komponente wie *horewánje* (‹Mühsal, harte Arbeit›) und *nowíne* (‹Neuheit, Neuigkeit›) sind in der gesamten Übersetzung zahlreich vertreten.

Lefin wurde über seinen Tod hinaus als eine Gründergestalt der osteuropäischen Haskala verehrt. Die Veröffentlichung seiner jiddischen Übersetzung der Sprüche Salomos (*Míschle*, 1814) stieß jedoch auf Unverständnis. Propaganda, Schriften zur Volksbildung und didaktisch angehauchte Unterhaltungsliteratur in jiddischer Sprache konnten die Maskilim noch als notwendiges Übel oder vorübergehende Erscheinung hinnehmen. Eine jiddische Bibelübersetzung nach dem Vorbild des verehrten Moses Mendelssohn – für Lefin nur eine konsequente Fortsetzung aufgeklärter Bildungsarbeit – muss seinen Gegnern dagegen als eine Travestie des Mendelssohnschen Pentateuch erschienen sein.

Kontroverse um das Jiddische. Gegen Lefins jiddische Übersetzung der Sprüche Salomos polemisierte der für seine Streitsucht bekannte Aufklärer Tobias Gutman Feder (1760 – ca. 1817) in einer hebräischen Satire (*Kol mechazezím*, ‹Die Stimme der Bogenschützen›, nach Richter 5,11), die er in Handschriften in Umlauf brachte und drucken lassen wollte. Der Kaufmann Jánkew Schmúel

Bik (Byk, 1772–1831) aus Brody, ein Schüler Lefins, verteidigte das Werk seines Lehrers 1815 in einem offenen Brief an Feder, der bezeichnenderweise auf Hebräisch geschrieben ist.

Bik argumentierte, dass in einer anderen Sprache als Jiddisch keine breite Leserschaft erreicht werden könne, aber er begnügte sich nicht damit. Gegen das Stereotyp vom angeblich widerlichen Klang der jiddischen Sprache wies Bik darauf hin, dass Jiddisch «seit vierhundert Jahren» die Muttersprache der aschkenasischen Juden sei. Große jüdische Gelehrte hätten in dieser Sprache «gedacht, geredet und gepredigt». Dem Vorwurf, Jiddisch sei ein «Sprachgemisch», hielt er entgegen, dass Englisch und Französisch geschichtlich betrachtet ebenfalls Mischsprachen seien, und doch würden nunmehr «die erhabensten Gedichte und nützlichsten Reden» in ihnen verfasst. Wie Deutsch und Russisch noch wenige Jahrzehnte zuvor, so hätten in alter Zeit selbst Griechisch und Latein auf einer niedrigen Stufe gestanden, bis die «Weisen» einer jeden Generation es auf sich genommen hätten, die anfänglich «groben» Sprachen des «gemeinen Volkes» zu kultivieren. Bik ließ keinen Zweifel daran, dass derartiges mit dem Jiddischen im Prinzip ebenfalls möglich sei und dass Lefins stilistisch gelungene Übersetzung der Aufklärung einen großen Dienst erwiesen habe.

Diesen Argumenten war Feder nicht zugänglich. So wurde das Kräftemessen am Ende auf profane Weise entschieden. Feder, der von Gönnern und schlecht entlohnten Arbeiten in untergeordneten Gemeindeämtern abhängig war, gab nach, zog die Satire zurück und ließ sich sein Schweigen bezahlen. Weder Lefins Bibelübersetzung noch die durch sie ausgelöste Kontroverse hatten eine unmittelbare Auswirkung auf die aschkenasische Gesellschaft. Als aber im ausgehenden 19. Jahrhundert ein jiddisches Sprachbewusstsein entstand, gewann diese Episode für die junge Sprachbewegung eine große symbolische Bedeutung.

Unterhaltungsliteratur. Noch wirkungsvoller als praktische Ratgeber und Bibelübersetzungen ließ sich vermutlich jiddische Unterhaltungsliteratur zur Verbreitung von aufgeklärten Ideen und allgemeiner Bildung einsetzen. 1817 veröffentlichte der weltoffene Kaufmann Chaim Chajkl Hurwitz (1749–1822) in Berditschew (ukr. Berdytschiw) sein populärhistorisches *Ssèjfer zòfnaß panéjech* (‹Das Buch vom Entdecker des Verborgenen›, in Anspielung auf Gen 41,45), eine jiddische Bearbeitung von Joachim Heinrich Campes Jugendbuch *Die Entdeckung von Amerika* (1781). Schlójme Ettinger (1803–1856) adaptierte beliebte Gattungen der deutschsprachigen bildungsbürgerlichen Aufklärung für ein osteuropäisches jüdisches Publikum. Seine sprachlich kunstvollen Fabeln *(Meschólim)* schlossen stets mit einer aufgeklärten Moral, und die Ballade *Doß licht* (‹Die Kerze›) lehnt sich an das Vorbild von Schillers *Die Glocke* an. Sein wohl berühmtestes Werk ist die rührende Komödie *Ssérkele* (Erstdruck 1861, vermutlich entstanden zwischen 1825 und 1830), in der die unschuldig leidende, gebildete Waise Hinde in einem dramatischen Finale vor einer Zwangsheirat bewahrt wird. Die eigentliche Hauptperson ist jedoch Hindes ungebildete, selbstsüchtige und intrigante Tante Ssérkele, die wie andere nicht-aufgeklärte Juden in diesem Stück als komische Figur dient. Ettingers Werke wurden zu seinen Lebzeiten nicht gedruckt, weil er sich nicht den Vorgaben der russischen Zensur unterwerfen wollte.

Während Ettinger mit seinen Schriften auch künstlerische Ambitionen verfolgte, schrieb Isaak Ber Levinsohn (Jízchok Ber Léwinson, 1788–1860) sein Pamphlet *Di héfkerwelt* (‹Die gesetzlose Welt›, verfasst 1820–1830, Erstdruck 1888) allein deswegen auf Jiddisch, um Missstände innerhalb der jüdischen Gemeinden möglichst drastisch anprangern zu können. Als literarische Gattung wählte er die Form eines Gesprächs, in dem zwei ukrainische gegenüber einem durchreisenden litauischen Juden auf Ungerechtigkeit, Korruption und oligarchische Gemeindevorstände schimpfen.

Jiddisch im Streit zwischen Haskala und Chassidismus

Ihren Hauptgegner sah die osteuropäische Haskala im Chassidismus, der für die Maskilim den Inbegriff von Aberglauben, Irrationalität, Unbildung und religiösem Fanatismus darstellte. Den einflussreichen und durchaus machtbewussten Rebbes, die von den

Spenden ihrer Anhänger lebten und denen Wunderkräfte zugeschrieben wurden, warfen sie Geldgier, Ausbeutung und Betrügerei vor.

Als geeignetes Mittel zur Bekämpfung des Chassidismus sahen die Maskilim Satire und Parodie. Sie parodierten sowohl die jiddischen als auch die hebräischen Werke der Chassidim und deren charakteristischen Schreibstil. Darüber hinaus schufen sie zahlreiche satirische Romane und Komödien auf Jiddisch, in deren Handlung chassidische Figuren als frömmelnde Fanatiker, Heuchler und intrigante Betrüger dargestellt und entlarvt werden.

Eines der frühesten erhaltenen Werke dieser Literatur ist die 1816 anonym in Galizien erschienene Komödie *Di genárte welt* (‹Die betrogene Welt›), in der am Ende die Liebe über eine drohende Zwangsehe triumphiert. Besonders aktiv im Kampf gegen den Chassidismus war der galizische Aufklärer Joseph Perl (Tarnopol, heute Ternopil, 1773–1839). Um die Unterstützung der christlichen Obrigkeit zu gewinnen, verfasste er 1814–1816 auf Deutsch die Denkschrift *Über das Wesen der Sekte Chassidim*. Zur Verbreitung von moderner Bildung unter Juden gründete er 1813 in Tarnopol die «Israelitische Freyschule», an der moderne Fremdsprachen gelehrt wurden und an die bis 1817 auch eine Druckerei angeschlossenen war. Perl war ein brillanter Satiriker. In seinem Briefroman *Megàle tmírin* (‹Der Enthüller der Geheimnisse›) werden die Chassidim ganz im Stile der Dunkelmännerbriefe als beschränkte Fanatiker lächerlich gemacht. Perl schrieb den Roman sowohl in einer hebräischen als auch in einer jiddischen Fassung. Die jiddische verbreitete sich nur in Handschriften, die hebräische wurde 1819 in Wien gedruckt. In beiden Versionen parodierte er gekonnt den Stil der chassidischen Schriften, mit dem er sehr gut vertraut war.

Nicht wenige Maskilim waren in ihrer Jugend selbst Chassidim gewesen, wie etwa Israel Aksenfeld (Jißróel Ákßnfeld, 1787–1866). Eines seiner wichtigsten Werke, *Doß schtérntichl* (‹Das Stirnband› – ein verziertes Band, das verheiratete Jüdinnen an Feiertagen über ihrem Kopftuch trugen), ist denn auch eine Art Bildungsroman über einen jungen Mann, der aus dem chassidischen Milieu ausbricht und in der weiten Welt (u. a. Breslau) mit den Ideen und Werten der Aufklärung in Berührung kommt, bevor er als erfolgreicher Kaufmann in seine Heimat zurückkehrt und dort chassidische Betrüger entlarvt. Die Gestalten in Aksenfelds Werken sprechen ein lebensnah klingendes, ausdrucksreiches und dialektgefärbtes Jiddisch.

Obwohl er *Doß schtérntichl* schon in den dreißiger Jahren des 19. Jahrhunderts fertiggestellt hatte, konnte Aksenfeld das Buch in Russland nicht veröffentlichen, sodass er dazu 1861 schließlich nach Leipzig auswich. Auch die anderen Aufklärer hatten im Russischen Reich bis 1862 praktisch keine Möglichkeit, ihre jiddischen Schriften drucken zu lassen.

Jüdische Druckereien machten ihren größten Umsatz mit dem Verlegen von Gebetbüchern und traditionellen religiösen Werken. Die Betreiber hatten wenig Neigung, durch Herausgabe von maskilischen Schriften und Polemiken den Zorn ihrer konservativen Kundschaft auf sich zu ziehen und damit einen Boykott zu riskieren. Dies galt vor allem für jiddische Werke, denen die Aufmerksamkeit eines größeren Publikums sicher war.

Um die jüdische Bücherproduktion besser kontrollieren zu können, verfügte Zar Nikolaj I. im Jahr 1836, dass es im ganzen Russischen Reich nur zwei jüdische Druckereien geben sollte. Das Druckmonopol, das auf 25 Jahre angelegt war, teilten sich zunächst zwei Druckereien in Wilna (heute Vilnius) und Kiew, ab 1845 in Wilna und Shitomir (Žytomyr). Die Veröffentlichung jiddischer Bücher wurde dadurch beträchtlich erschwert. Die Zarenregierung selbst scheint diese Maßnahme nicht zuletzt auf Betreiben einiger Misnagdim und Maskilim ergriffen zu haben, die die wachsende Zahl chassidischer Veröffentlichungen mit Sorge betrachteten und deswegen bei den Behörden wiederholt denunziatorische Eingaben machten. Ironischerweise waren die Chassidim am allerwenigsten von diesen Einschränkungen betroffen: Die Druckerei in Shitomir wurde chassidisch geführt, und die Druckerei in Wilna nahm Rücksicht auf den chassidischen Absatzmarkt.

Die Maskilim waren mehr oder weniger darauf angewiesen, ihre jiddischen Werke in Handschriften zu verbreiten, die sie auch durch Auftragsschreiber anfertigen ließen. Einige, wie Schlójme Ettinger, gaben zusätzlich Lesungen vor einem Publikum, dem das Bedürfnis nach Unterhaltung vermutlich wichtiger war als ideologische Überzeugung. Daher waren die Maskilim in besonderem Maße gezwungen, ihre jiddischen Werke in einem gut lesbaren und vorlesbaren Stil zu verfassen.

7. Die Zeit der Klassiker

Mitte des 19. Jahrhunderts war das Interesse an einer modernen Literatur in jiddischer Sprache nicht länger auf kleine Kreise von Maskilim beschränkt. Unabhängig von ihrer Zugehörigkeit zu einer bestimmten religiösen Gruppierung, ideologischen Überzeugung oder sozialen Lage, begannen sich Juden an vielen Orten in Osteuropa an dem Lebensstil eines aufstrebenden Bürgertums zu orientieren.

Diejenigen, die bereits mit moderner Bildung in Berührung gekommen waren, hatten Geschmack an den Werken der europäischen bürgerlichen Literatur gefunden, die sie im Original oder in polnischen, russischen oder deutschen Übersetzungen kennenlernten. Andere hatten zur Unterhaltung die in Abschriften verbreiteten Werke der Haskala gelesen, ohne der Ideologie viel Beachtung zu schenken. Wieder andere mögen einfach offen für Neues gewesen sein. Es entstand eine Nachfrage nach Lesestoffen in jiddischer Sprache, die die sich wandelnden Bedürfnisse nach Unterhaltung, Information, Zerstreuung und Orientierung befriedigten. Neue technische Verfahren ermöglichten eine preisgünstige Herstellung von Papier aus Holzschliff, sodass Bücher, Hefte und Zeitungen ab der Jahrhundertmitte allgemein erschwinglicher wurden. Die jüdische Bevölkerung wuchs überdurchschnittlich. Lebten um 1800 ca. 1,3 Millionen aschkenasische Juden in Osteuropa, waren es um 1880 bereits rund 4,9 Millionen. Damit vergrößerte sich der Absatzmarkt für Druckerzeugnisse in jiddischer Sprache beträchtlich.

In dieser Zeit wurde der Aufklärer Ájsik-Méjer Dik (1807 oder 1814–1893) zum ersten jiddischen Berufsschriftsteller. Dik war ursprünglich Lehrer an der so genannten jüdischen Kronschule in Wilna, die die Maskilim mit Billigung des Staates einrichten konnten. In den fünfziger Jahren veröffentlichte Dik erste Werke auf Jiddisch, um – wie er erklärte – den weniger gebildeten Lesern eine Alternative zu überkommenen Abenteuerromanen wie dem *Bówebuch* und den chassidischen Wundergeschichten zu bieten. Dik war so erfolgreich, dass er die Schriftstellerei zu seinem Brotberuf machen konnte, als die Kronschule 1864 geschlossen wurde und er in Geldnöte geriet. In diesem Jahr schloss er als erster moderner jiddischer Schriftsteller überhaupt einen Vertrag mit einem jüdischen Verleger, dem Wilnaer Druckhaus Romm, über die Herausgabe seiner Werke ab. Obwohl Dik ein überaus produktiver Vielschreiber war, gelangte er dabei nicht zu Wohlstand. Die Leser fesselte Dik mit spannenden Themen, leicht erzählten Handlungen und Satire. In seinen Romanen und Erzählungen macht sich allerdings nur eine gemäßigt aufklärerische Haltung bemerkbar, an der ein breites Publikum kaum Anstoß nehmen konnte.

Diks Bücher sind in einem idiomatischen Jiddisch geschrieben, das er durch Entlehnungen aus dem Deutschen, Polnischen, Russischen und durch Elemente der hebräischen Buchsprache bereicherte. Die Einführung eines Charakters in der Erzählung *Der gójel* (‹Der Erlöser›, Wilna 1866) liest sich bei ihm z. B. so:

Derwájle hot der reb Mórdche séjer gut betráchtet dísen mentschn un hot im óngemerkt doß er is noch ajn júnger man zum hechßtn kojm finf un zwánzig jor alt, un wajst ojß zu sajn fun grojßn ádel (famílje), sájne kléjder hobn ójßgesen mer héngend arúm im alß óngeton, sájne hor worn zebórschtn, sajn gesícht blejch, di ójgn worn asój wi blo úntergeschlogn, un fun sájne zíternde lipn war séjer lajcht zu farschtéjn doß sajn harz is hechßt farbítert.

Währenddessen beobachtete Herr Mordechai diesen Menschen sehr genau und sah ihm an, dass er noch ein junger Mann von kaum fünfund-

> zwanzig Jahren war, und – wie sich zeigte – von hohem Adel. Seine Kleider hingen eher lose herab, als dass sie ihm passten, sein Haar war ungekämmt, sein Gesicht war bleich, er hatte dunkle Ringe unter den Augen, und an seinen bebenden Lippen konnte man leicht erkennen, dass sein Herz höchst verbittert war.

Es mag einer Orientierung am Neuhochdeutschen zuzuschreiben sein, dass in Diks Büchern noch Elemente der alten jiddischen Buchsprache wie *wor* und *worn* für ‹war(en)› oder *doß* als Konjunktion (wie dt. ‹dass›) gebraucht wurden und Formen wie *betráchtet* statt *batrácht* zu lesen sind. Auch werden die Possessivpronomen und Adjektive häufig nach deutschem Muster gebeugt, z. B. *zu sájnem glik* statt *zu sajn glik* ‹zu seinem Glück›. In späteren Drucken seiner Werke wurde die Rechtschreibung stärker an das Deutsche angepasst, z. B. *und* statt *un*, *er ist* statt *er is*.

Kol-mewaßer – *Der Herold*

Die Reformen, die Zar Alexander II. zu Beginn seiner Regierungszeit (1855–1881) in Angriff nahm, weckten nicht nur bei jüdischen Intellektuellen Hoffnungen auf eine dauerhafte Liberalisierung. Für einige Jahre lockerte die Regierung die Zensur und ihre bis dahin restriktive Politik gegenüber Presse und Autoren. In dieser Situation konnte der Journalist Alexander Zederbaum (Zéderbojm, 1816–1893) im Jahr 1860 eine Zulassung für das Wochenblatt *Haméliz* (‹Der Anwalt› oder ‹Der Fürsprecher›) erhalten, die erste hebräische Zeitung in Russland, die in Odessa verlegt wurde. Andere folgten später seinem Beispiel und gründeten ebenfalls Zeitungen für eine gebildete jüdische Leserschaft. Indessen lief das Druckereimonopol für jiddische und hebräische Bücher 1862 auch formell aus und wurde von der Zarenregierung nicht mehr erneuert. In diesem Jahr erhielt *Haméliz* erstmals eine jiddische Beilage – *Kol-mewáßer* (‹Der Herold›, nach Jesaja 52,7). Dem Blatt war nicht zuletzt deswegen ein gewisser Erfolg beschieden, weil es die Bedürfnisse von Leserinnen wie Lesern nach Information, Bildung und Unterhaltung in ihrer Muttersprache bediente. *Kol-mewáßer* berichtete über die große Politik und ferne Länder ebenso wie über das Leben im Ansiedlungsrayon, über Naturwissenschaften ebenso wie über jüdische Geschichte, und auch über Kuriositäten und berühmte Persönlichkeiten. *Kol-mewáßer* erschien ab 1869 als selbständige Publikation und wurde so zur ersten Zeitung in modernem Ostjiddisch.

In maskilischer Tradition hatte *Haméliz* neben hebräischen Texten ursprünglich auch Beiträge auf Deutsch in hebräischen Buchstaben enthalten. Um jedoch ein breiteres Publikum zu erreichen, entschied sich Zederbaum für eine Beilage in jiddischer Sprache. Auch wenn die Redaktion vorgab, sich im geschriebenen Wort am Hochdeutschen orientieren zu wollen, scheint ihr Umgang mit der Sprache in *Kol-mewáßer* eher pragmatisch gewesen zu sein. In den meisten Beiträgen folgt das Jiddische der Umgangssprache. Wie Übernahmen aus dem Neuhochdeutschen und Russischen zeigen, wurde dabei kein sprachlicher Purismus gepflegt. In den Artikeln finden sich z. B. Ausdrücke wie *sajómne píßmeß* ‹Schuldbriefe› (russ. *zaëmnye pis'ma*), *dúscheß* ‹Seelen› (im Sinne von ‹Einwohner›, vgl. russ. *duši*) und *pérwe un wtorója rasrjádne* ‹erst- und zweitrangig› (russ. *pervo- i vtororazrjadnyj*), *Sidamérike* ‹Südamerika› (statt *Dòrem-Amérike*) und *ójfseze* ‹Aufsätze›.

Offiziell billigte Zederbaum dem Jiddischen – sozusagen gezwungenermaßen – nur eine zeitlich begrenzte Rolle als Vermittler moderner Kultur zu. Dies hielt ihn nicht davon ab, auch anderen Stimmen ein Forum zu bieten. In *Kol-mewáßer* veröffentlichte der jiddische Sprachaktivist Jehojschúe Mórdche Lífschiz (1829–1878) – ein Spätaufklärer, der mit dem Sozialismus und der revolutionären Bewegung in Russland sympathisierte – eine Reihe von Beiträgen, in denen er Gebrauch und Status des Jiddischen verteidigte. Für Lifschiz war Jiddisch eine vollwertige Sprache, die durch entsprechende Sprachplanung eine den anderen europäischen Bildungssprachen gleichwertige und gleichberechtigte Stellung erlangen konnte. Die von den Maskilim geforderte Ersetzung des Jiddischen durch das Hebräische oder eine offizielle Landessprache wie Russisch, Polnisch oder Neuhochdeutsch lehnte er ebenso scharf ab wie die gängigen Stereotype über das Jiddische als angeblich verdorbene Sprache. Um den Status seiner Muttersprache zu heben, betätigte sich Lifschiz als Lexikograph und stellte aus dem Wortschatz seines Heimatdialekts, des Südostjiddischen der Provinz Wolhynien, mehrere Wörterbücher zusammen. Sein jiddisch-deutsches/deutsch-jiddisches Wörterbuch blieb ungedruckt und ging verloren, dagegen konnte er sein russisch-jiddisches (1869) und jiddisch-russisches Wörterbuch (1876) in kleiner Auflage in Shitomir erscheinen lassen. Lifschiz ermutigte die Redakteure von *Kol-mewáßer*, den Ausbau des Jiddischen zu einer modernen überdialektalen Literatursprache aktiv zu betreiben.

Eine bleibende Bedeutung erhielt *Kol-mewáßer* als Plattform der entstehenden modernen Schönen Literatur auf Jiddisch. So erschienen dort Schlójme Ettingers *Meschólim* (‹Fabeln›, 1863) und Jánkew-Schmúel Biks Brief an Tobias Feder, die bis dahin nur handschriftlich in Umlauf waren, erstmals in gedruckter Form. Dass die neue Literatur durch *Kol-mewáßer* ein breites Publikum fand, zeigt sich besonders am Fortsetzungsroman *Doß pójlische jingl* (‹Der polnische Junge›, 1867) von Jízchok-Jójel Linézki (Linetzky, 1839–1915). Die anti-chassidische Satire, die vor groteskem Humor sprüht, wurde ein großer Erfolg, sogar unter den verspotteten Chassidim selbst, sodass unmittelbar nach Abschluss der Serie schon die ersten Raubdrucke erschienen.

Dájtschmerisch

1872 wurde *Kol-mewáßer* aufgrund von Schwierigkeiten mit der russischen Bürokratie eingestellt. Andere jüdische Zeitungen waren noch kurzlebiger. Obwohl eine wachsende Nachfrage bestand, konnte vor 1905 keine blühende jiddische Zeitungslandschaft entstehen. Die Zarenregierung unterwarf die gesamte Tagespresse einer Zensur von wechselnder Strenge. Jiddische Zeitungen oder Periodika waren im Russischen Reich im Grunde nicht erwünscht und wurden nur selten genehmigt. Jahrbücher und Einzelbände hatten eine größere Chance, Verboten durch die Obrigkeit zu entgehen. Da die Regierung bei jiddischen Schriften keine ausreichenden Kontrollmöglichkeiten für sich sah, begegnete sie all solchen Unternehmungen mit notorischem Misstrauen. Überdies wurde

Jiddisch – ähnlich wie das Ukrainische – offiziell nicht als eigenständige Sprache anerkannt. Vielmehr machte sich die Regierung das Verdikt der jüdischen Aufklärer zu eigen, demzufolge das Jiddische ein «verdorbener Jargon» war.

Jüdische Verleger und Journalisten versuchten diese Hindernisse zu umgehen, indem sie gegenüber den Behörden vorgaben, Deutsch in hebräischen Buchstaben zu schreiben. Nicht wenige glichen ihr geschriebenes Jiddisch auch tatsächlich in oberflächlicher Weise an das Neuhochdeutsche an. Dies förderte die Entstehung und Verbreitung eines Schreibstils, den jiddische Sprachaktivisten später abschätzig als *dájtschmerisch* bezeichnen sollten. Kennzeichen dieses Stils war ein ausgiebiger Gebrauch von neuhochdeutschen Wörtern und Redewendungen, nicht nur für neue Begriffe und Erscheinungen, sondern auch anstelle geläufiger jiddischer Ausdrücke. So setzte man z. B. die deutschen Bezeichnungen für die Himmelsrichtungen *nord-*, *sid-*, *oßt-* und *weßt-* anstelle *zofn-*, *dórem-*, *mísrech-* und *májrew-* (alle HAK) ein. Auch wurde die Schreibweise vieler Wörter an die neuhochdeutsche Rechtschreibung angeglichen und entfernte sich deutlich von der jiddischen Aussprache. Sehr häufig wurde der Buchstabe *hej* (der in Wörtern der DtK dem dt. Konsonanten /h/ entspricht) wie ein deutsches Dehnungs-h dort eingesetzt, wo das Jiddische in Wirklichkeit einen Diphthong hat, z. B. für *gehn* oder *gehen* anstelle von *gejn*. Auch wurden nach deutschem Vorbild Konsonanten doppelt geschrieben, z. B. *alle* anstatt *ale*. Einigen Publizisten und Journalisten mag dieser Schreibstil zeitweilig als Ersatz für einen hochsprachlichen Standard gedient haben. Die moderne jiddische Literatursprache entwickelte sich jedoch in eine andere Richtung.

Mendele Mojcher-Ssforim

1864–65 erschien in *Kol-mewáßer* ein anonymer Fortsetzungsroman, der die jüdischen Intellektuellen im Zarenreich elektrisierte: *Doß kléjne méntschele* (‹Das kleine Menschlein›). Viele gebildete Leser fühlten erstmals, dass fiktionale Werke in ihrer jiddischen Muttersprache mehr als unterhaltsame Fingerübungen sein und mit der Schönen Literatur der europäischen Hochsprachen mithalten konnten.

Der Verfasser war ein Freund Zederbaums, Schólem-Jánkew Abramówitsch (1835–1917), der sich bereits als hebräischer Schriftsteller und Aufklärer einen Namen gemacht hatte. Abramowitsch selbst zog es anfangs vor, nicht als jiddischer Schriftsteller bekannt zu werden. Einige Leser identifizierten daher den fiktionalen Herausgeber seiner Werke, die literarische Gestalt des Méndele Mòjcher-Ssfórim (‹Mendele der Bücherkolporteur›), mit dem tatsächlichen Autor.

Abramowitsch führte in seinen Romanen vor, wie verschiedene Tonlagen und Stilebenen in ein künstlerisches Werk integriert werden konnten, ohne dabei zwangsläufig auf Entlehnungen aus fremden Hochsprachen zurückgreifen zu müssen. Auf diese Weise widerlegte er nicht zuletzt das von den Maskilim seiner Zeit gepflegte Vorurteil, dass in der jiddischen Sprache kein hoher Stil möglich sei. In fast allen seiner Werke fließen Abramowitsch poetische Naturbeschreibungen wie selbstverständlich aus der Feder, so etwa in dem Roman *Físchke der krúmer* (‹Fischke der Lahme›, zweite Fassung, 1888):

> [...] *épeß a bíld-schejne panoráme: félder geschprénklte mit blíende rétschke wajß wi schnej lebn gélb-gìldene razemárene paßn fun wejz un mát-grìnleche, hójch-gewàkßene kukurúseß; a schéjner gríner tol, badékt fun béjde sajtn mit wéldlech níß-bèjmer; untn flejzt a tajchl, rejn, klor wi krischtól, in welchn es tukn sich di schtraln fun der sun un baléjgn es mit fínkldike gíldene flíterlech. Di schof un di ki af der pásche dortn séen fun der wajtnß ojß wi túnkele, rójte, geflékte píntelech.*

> [...] ein bildschönes Panorama: Felder, gesprenkelt mit blühendem schneeweißen Buchweizen, neben gelb-goldenen Mohairstreifen aus Weizen und mattgrünen, hochgewachsenen Maisstauden. Ein schönes grünes Tal, an beiden Seiten mit Wäldchen aus Nussbäumen bewachsen. Unten fließt ein Bach, hell, klar wie Kristall, in den die Sonnenstrahlen eintauchen und ihn mit funkelndem Goldflitter überziehen. Die Schafe und Kühe dort auf der Weide sehen von Ferne aus wie dunkle und rote Tupfer.

Daneben griff Abramowitsch auch auf geläufige Register des Jiddischen zurück, nicht zuletzt auf die in religiösen Zusammenhängen gebrauchte Sprache der *magídim* (jüd. Prediger), der *melámdim* (Lehrer im *chéjder*) sowie der *múßer*-Literatur (s. Kap. 4, S. 75), die er allerdings vorzugsweise ironisch verwendete. So parodiert der Anfang seines Romans *Di kljátsche* (‹Die Mähre›, zweite Fassung 1889) den Stil traditioneller Erbauungsbücher:

> *Hakdómeß Méndele Mòjcher-Ssfórim*
> *Ómer Méndele Mòjcher-Ssfórim, sogt Méndele Mòjcher-Ssfórim: Gelójbt is der bójre, woß nochdém, wi er hot bascháfn di ganz grójße welt, hot er sich mejáschew gewén mit der pamálje malóchim in himl un zum lezt gemácht a klejn wéltele, doß mejnt men dem mentschn, woß er hejßt «ójlem kotn», wajl doß mentschl, wi ir kukt im on, hot in sich ále míne brúim un baschéfenisch. Ir gefínt in im álerlej wílde chájeß, ojch farschéjdene mìne-behéjmes; ir gefínt in im a jáschtscherke, a pjáwke, a schpánische flig, a prajß uchdójme asélche schlek, asélche mìne-schrózim; ir gefínt in im afíle ojch a rúech, a schwarz jor, a ßotn, a mekátreg, a lez, ßòjne-jißróel, uchdójme asélche masíkim, mechabólim, ónschikenischn; ir set in im ojch wúnderleche ßzénes: wi a kaz, a schtéjger, schpilt sich mit der mojs; wi a tchojr chapt sich arájn in a schtajg mit ójfeß un drejt sej nébech op di kep; wi málpeß krímen jénem noch álzding, woß er tut; wi a hunt ßlúshet, drejt dem wejdl far ítlechn, woß warft im únter a schtikl brojt; wi a schpin farnárt zu sich a flig, farplóntert, farschpárt si un un nogt si ojß, wi komárn flíen émezn noch un shúshen im on fúle ójern, uchdójme noch asélche meschúne wúnderleche sachn. Ich bin eß óber nischt ójßn.*
>
> Vorrede des Mendele Mojcher-Ssforim
> Ómer Méndele Mòjcher-Ssfórim – also sprach Méndele Mòjcher-Ssfórim: Gelobt ist der Schöpfer, welcher, nachdem er die ganz große Welt erschaffen hat, sich mit den himmlischen Engelscharen beriet und zuletzt ein kleines Weltchen schuf, nämlich den Menschen, den man «Mikrokosmos» nennt, denn der Mensch hat, wenn man ihn genau betrachtet, alle Arten von Geschöpfen und Kreaturen in sich. Ihr findet darinnen allerlei wilde Bestien, auch verschiedene Arten Viehzeug. Ihr findet in ihm eine Eidechse, einen Blutegel, eine Spanische Fliege, eine Schabe und weiter solche Plagen, solche Arten Geziefer; Ihr findet darinnen sogar auch einen Dämon, einen Teufel, einen Satan, einen bösen Engel, einen Kobold, einen Judenhasser, und weiter solche Schädiger, Zerstörer, Heimsuchungen; in ihm spielen sich auch wunderliche Szenen

> ab: Wie eine Katze, zum Beispiel, mit der Maus spielt; wie ein Iltis in einen Hühnerkäfig eindringt und ihnen jämmerlich die Köpfe abreißt; wie Affen jemandem alles nachmachen, was er tut; wie ein Hund dem Herren dient und mit dem Schwanz jedem zuwedelt, der ihm ein Stückchen Brot hinwirft; wie eine Spinne die Fliege ins Netz lockt, einwickelt, festhält und aussaugt; wie Mücken jemandem nachfliegen und ihm die Ohren vollsummen und noch weiter solch gar wunderliche Dinge. Aber nicht davon wollte ich sprechen.

Abramowitsch schöpfte den ganzen Reichtum der mündlichen Umgangssprache aus. Bei der Wiedergabe direkter Rede vermittelt er z. B. durch Einschübe wie *et* ‹hm› und Ausrufe wie *fe!* ‹Pfui!› den Eindruck von Authentizität und Spontaneität der sprechenden Figuren. Das ironische *óber nischt doß bin ich ojßn* (‹Aber nicht darum geht es mir› oder ‹Aber nicht das meine ich›), mit dem Abramowitsch seinen Erzähler Mendele dessen subversive Abschweifungen über Gott und die Welt für gewöhnlich abschließen lässt, ist in der modernen jiddischen Literatur sogar sprichwörtlich geworden.

Die moderne Literatursprache

Abramowitsch war einer der ersten jiddischen Schriftsteller mit künstlerischem Anspruch, die von Beginn an in der ganzen jiddischsprachigen Welt gelesen werden wollten und daher bewusst so schrieben, dass sie von Lesern aus verschiedenen Dialektgebieten ohne Schwierigkeiten verstanden werden konnten.

Die moderne ostjiddische Literatursprache, die bis dahin erst in Ansätzen existierte, vereinheitlichte sich nun stärker. Wie schon in den älteren Drucken wurden Wörter und Dialektausdrücke, die nur einer regional begrenzten Leserschaft bekannt waren, möglichst vermieden. Varianten, die von allen verstanden wurden, wie *nit* und *nischt* ‹nicht›, *sájnen* und *sénen* ‹sind›, oder *krom* und *gewélb* ‹Geschäft, Laden›, blieben gleichberechtigt nebeneinander bestehen.

Weit verbreitete grammatische Formen fanden keine Aufnahme in die Schriftsprache, wenn sie als auffällige oder gar stereotype Dialektmerkmale galten. So vermieden Schriftsteller aus Polen und der Ukraine die in ihren zentral- und südostjiddischen Heimatdialekten geläufigen Formen *ez* ‹Ihr› und *enk* ‹Euch› und schrieben in ihren Werken stattdessen *ir* und *ajch*. Ebenso gebrauchten sie für die Mehrzahl des Imperativs die Form auf *-t* anstelle der dialektalen auf *-tß*, also z. B. *kumt!* anstelle von *kumtß!* ‹kommt!›. In der erzählenden Literatur und auf der Bühne wurden solche Dialektformen lediglich noch als Stilmittel eingesetzt, um etwa die Herkunft einer Person aus einer bestimmten Region zu kennzeichnen.

Die Schriftsteller des 19. Jahrhunderts waren ebenso wie ihre Leser in der Mehrheit Sprecher zentral- oder südostjiddischer Dialekte, deren grammatisches System dem der alten Literatursprache in mancher Hinsicht näher stand als das Nordostjiddische. So besitzen Zentral- und Südostjiddisch ein Kasussystem mit drei klar unterschiedenen Fällen (Nominativ, Dativ und Akkusativ), während im Nordostjiddischen der Unterschied zwischen Dativ und Akkusativ verschwunden ist und es neben dem Nominativ faktisch nur noch einen einzigen Objektkasus gibt. Ebenso kennt das Zentral- und Südostjiddische drei Genera (männlich, weiblich und sächlich), während das Nordostjiddische kein Neutrum mehr besitzt. Daher gab es beim Übergang von der alten zur neuen Literatursprache in diesen beiden Punkten keine wesentlichen Brüche. Vielmehr blieb die Unterscheidung von drei Fällen und drei grammatischen Geschlechtern als solche erhalten.

Auch Abramowitsch folgte diesem Sprachgebrauch in seinen jiddischen Schriften, obwohl er seine Kindheit in Belarus und Litauen, also im nordostjiddischen Sprachgebiet, verbracht hatte. Erst als Jugendlicher kam er in die Ukraine, in das südostjiddische Sprachgebiet, wo er zu schreiben begann und bis zu seinem Tod lebte.

Vor allem im Wortschatz und in der Idiomatik hat Abramowitsch die moderne Literatursprache in bleibender Weise mitgestaltet. Bei den mehrfachen Überarbeitungen seiner Werke nahm er nicht nur inhaltliche und erzähltechnische Änderungen vor, sondern ersetzte auch viele Ausdrücke. In den frühen Fassungen zeigt sich ein deutlicher Einfluss der russischen Hochsprache, die Abramowitsch gut beherrschte. Auch gebrauchte er noch eine weitaus größere Anzahl von jenen Slawismen, die vor allem in Belarus und der Ukraine verbreitet waren. Bei der Überarbeitung seines ersten Romans *Doß kléjne méntschele* ersetzte er z. B. *poßljédne móde* ‹letzte Mode› (vgl. russ. *poslednyj* ‹letzter, allerneuester›) durch *lézte móde* und *rasgowór* ‹Gespräch, Unterhaltung› (vgl. russ. *razgovor*) durch *schmúeß* ‹dass.› (HAK), aber auch das im Südostjiddischen verbreitete *rjékeß* ‹Flüsse› (vgl. russ. *reka*, gesprochen [rjeká], ukr. *rika*) durch *tajchn* ‹dass.› (DtK). Mit solchen Änderungen wollte Abramowitsch Lesern in Polen oder außerhalb des Zarenreiches entgegenkommen.

Die neue Literatursprache wurde nicht allein von Literaten geschaffen. Verleger, Redakteure und Schriftsetzer waren schon aus ökonomischem Interesse auf eine überregionale Verständlichkeit der Texte bedacht, die durch ihre Hände gingen, und hatten keine Scheu, die Werke anderer eigenmächtig sprachlich zu überarbeiten. Als etwa Mendel Lefins jiddische Übersetzung des Buches Kohelet (vgl. Kap. 6, S. 98) 1873 – also 47 Jahre nach seinem Tod – erstmals gedruckt wurde, ersetzte der Herausgeber das im podolischen Jiddisch vorkommende *sich ájntechemirn* ‹still werden, verstummen› (vgl. ukr. *vtychomyrytysja*) durch das gleichbedeutende, aber allgemein verständliche *sich ájnschtiln*.

Nicht selten hatten die beteiligten Parteien sehr unterschiedliche Vorstellungen darüber, mit welchen Schreibweisen und Ausdrücken ein möglichst großer Leserkreis erreicht werden konnte. Am Ende schufen meist die Schriftsetzer – willentlich oder unwillentlich, gefragt oder ungefragt – Fakten. An der Beharrlichkeit, mit der sie ihren Gewohnheiten anhingen, konnten anspruchsvolle Autoren und Redakteure im ausgehenden 19. Jahrhundert eigentlich nur scheitern.

Die drei Klassiker: Abramowitsch, Scholem Alejchem und Peretz

In der jiddischen Literaturszene war Abramowitsch von Beginn an als ein herausragender Schriftsteller anerkannt. Spätere Kritiker bezeichneten ihn als den ersten «Klassiker» der modernen jiddischen Literatur.

Der noch jungen jiddischen Literaturkritik schuf ein anderer späterer Klassiker die für ein gesundes Selbstbewusstsein erforderliche geschichtliche Mythologie: Schólem Rabinówitsch (1859–1916), bekannt unter dem Pseudonym Schólem Aléjchem (auch Sholem Aleichem; nach der jiddischen Begrüßungsformel *schòlem-aléjchem*, wörtl. ‹Friede sei mit Euch›, HAK), erklärte Abramowitsch zum *séjde* (‹Großvater›) der modernen jiddischen Literatur. Nicht ohne eine gewisse Kühnheit bezeichnete er sich selbst im gleichen Atemzug als dessen literarischen «Enkel», obwohl er nur 24 Jahre jünger war. Zur gleichen Zeit polemisierte er gegen den damals erfolgreichsten Verfasser jiddischer Kolportageromane, Schómer (Nóchem-Méjer Schajkéwitsch, 1846–1905). In *Schómerß míschpet* (‹Schomers Prozess›, 1888) skizzierte Scholem Alejchem seinen Entwurf einer jiddischen Literaturgeschichte, zu deren Größen er Scholem-Jankew Abramowitsch, Jizchok-Jojel Linezki, Ajsik-Mejer Dik und Awróm Góldfaden (von dem noch die Rede sein wird) zählte.

Bei den Lesern war Scholem Alejchem vor allem mit der Gattung der Monologe erfolgreich. In diesen Kurzgeschichten lässt er fiktive Gestalten aus dem jüdischen Leben auftreten und wie in einem spontanen Gespräch von sich erzählen. Eine seiner bekanntesten Figuren ist *Téwje der mílchiker* (‹Tewje der Milchmann›), der in mehreren Monologen über sein Schicksal und das seiner Töchter berichtet. Scholem Alejchem wurde zum beliebtesten und meistgelesenen Autor der modernen jiddischen Literatur überhaupt.

Intellektuelle schätzten jedoch eher den dritten Klassiker, I. L. Peretz (Jízchok Léjbusch Pérez, 1852–1915), der erst ab 1888 als jiddischer Autor in Erscheinung trat. Peretz experimentierte mit verschiedenen Erzählformen und Schreibstilen. In so genannten «chassidischen» Erzählungen wie *Ojb nischt noch hécher* (‹Wenn nicht noch höher›, 1900) und «volkstümlichen» Geschichten wie *Draj matóneß* (‹Drei Gaben›, 1904) griff er auf Stoffe und Motive chassidischer Legenden und jüdischer Volkserzählungen zurück. Anders als in den literarischen Vorbildern, die einer traditionell-religiösen Lebenswelt entstammen, ging es dem Agnostiker Peretz darum, ein jüdisches Gruppengefühl und gleichzeitig moderne, weltlich-humanistische Werte zu beschwören. In Spätwerken wie dem symbolistischen Drama *Ba nacht afn altn mark* (‹Bei Nacht auf dem alten Marktplatz›, 1907) öffnete er sich modernistischen und avantgardistischen Strömungen, für die er in der jiddischen Literatursprache neue Ausdrucksformen schuf.

Peretz' Wohnung in Warschau wurde in den 1890er Jahren zu einer wichtigen Anlaufstelle für jüdische Intellektuelle und aufstrebende Literaten. Peretz begleitete viele jiddische Nachwuchsschriftsteller bei ihren ersten literarischen Versuchen und wurde von ihnen auch dann noch als Vorbild und intellektueller Mentor verehrt, als sie künstlerisch längst eigene Wege gingen.

Der Weg, den die drei Klassiker zurücklegten, ist in mancher Hinsicht typisch für eine ganze Generation jiddischer Schriftsteller: Ihre ersten Werke veröffentlichten sie auf Hebräisch, bevor sie sich bewusst dem Jiddischen zuwandten (nur Abramowitsch schrieb auch weiterhin auf Hebräisch). Die Landessprache – für Abramowitsch und Scholem Alejchem das Russische, für Peretz das Polnische – beherrschten sie auf einem gehobenen Niveau. Alle drei waren mit den großen Werken der europäischen Literatur und der Literaturkritik ihrer Zeit vertraut, deren Maßstäbe sie sich zu eigen machten; alle drei setzten sich mit den aktuellen Fragen und Ideen ihrer Zeit auseinander. Sie gehören zu den ersten jiddischen Schriftstellern, die auch außerhalb der jüdischen Welt bewusst wahrgenommen wurden. Das Wissen, mit den Werken von Abramowitsch, Scholem Alejchem und Peretz eine eigene «klassische Literatur» zu besitzen, verhalf nachfolgenden Generationen von Intellektuellen und Aktivisten, die sich für eine moderne, weltliche Kultur in jiddischer Sprache einsetzten, zu einem bis dahin nicht gekannten Selbstbewusstsein.

Auswanderung in alle Welt

Das 19. Jahrhundert war die Zeit der großen europäischen Auswanderung nach Übersee. Die Bevölkerung allgemein wuchs stark an, wegen der noch schwachen Industrialisierung vieler Länder gab es aber weder genug Arbeit noch ausreichende Versorgung. Diese und andere Krisen ließen viele Menschen verarmen und schließlich emigrieren.

Hauptziel USA. Juden aus Mittel- und Westeuropa wie z. B. dem Südwesten Deutschlands, dem Elsass oder Böhmen schlossen sich wie ihre christlichen Nachbarn – häufig noch in größerer Prozentzahl – den Auswandererströmen nach Amerika an. Diese Emigrationswelle ebbte nach der rechtlichen Gleichstellung der Juden im Deutschen Reich (abgeschlossen 1872) und Österreich-Ungarn (1867) und mit der erfolgreichen Industrialisierung dieser Länder allmählich ab. In der neuen Heimat gaben die Auswanderer ihre zumeist westjiddischen Dialekte in kurzer Zeit zugunsten des Deutschen oder Englischen auf, auch wenn sie untereinander weiterhin jiddische Ausdrücke benutzten.

Die Zahl jüdischer Migranten war besonders hoch, da Juden stärker von der Verarmung betroffen waren: Nicht nur war bei ihnen der Bevölkerungszuwachs höher, diskriminierende staatliche Gesetze schränkten dazu ihr wirtschaftliches Betätigungsfeld und ihre Freizügigkeit stärker ein. In dieser Situation bedeutete jede Modernisierung für die jüdische Gesellschaft eine zusätzliche Belastungsprobe.

Bis zur Jahrhundertmitte hatten von Osteuropa aus vor allem Binnenwanderungen stattgefunden: Juden aus Posen zogen in ländliche Gegenden Deutschlands und ab 1834 – als die Niederlassungsbeschränkungen für Juden allmählich aufgehoben wurden – nach Berlin und in andere Großstädte. Juden aus dem dicht bevölkerten Westen Galiziens wanderten in den wenig besiedelten Osten der Provinz, weitaus mehr «Galizianer» aber in das Königreich Ungarn, die Bukowina und das spätere Rumänien aus. Juden aus Litauen und Belarus zogen nach Neurussland (die heutige Süd-Ukraine) und nach Bessarabien (heute Moldau).

Im letzten Drittel des 19. Jahrhunderts nahm die Auswanderung nach Übersee beträchtlich zu. Die meisten jüdischen Auswanderer kamen aus dem Russischen Reich. Bis 1874 hatten die Juden in den meisten europäischen Ländern die rechtliche Gleichstellung erhalten, nicht aber im Zarenreich, wo die Mehrheit von ihnen lebte. Dort war der Antisemitismus, der in ganz Europa zunahm, besonders gewalttätig und beeinflusste immer wieder die Politik der Regierung gegenüber der jüdischen Minderheit. In den 1870er Jahren setzte eine große Auswanderungswelle ein, die nach der Ermordung Zar Alexanders II. durch mehrere Pogrome und neu erlassene diskriminierende Gesetze zu Beginn der 1880er Jahre verstärkt wurde. Zwischen 1881 und 1914 verließen über zwei Millionen Juden das Russische Reich.

Die überwiegende Zahl der Auswanderer zog es in die Vereinigten Staaten. Die USA galten unter aschkenasischen Juden als *di góldene medíne*, ‹das goldene Land›, das ihnen alle Bedingungen für ein besseres und freieres Leben bot: eine zumindest in der Praxis offene Einwanderungspolitik gegenüber Europäern, einen steigenden Bedarf an Arbeitskräften, Religionsfreiheit, die strikte Trennung von Staat und Kirche und nicht zuletzt die Möglichkeit zu sozialem Aufstieg.

Andere Ziele. In Palästina, das unter osmanischer Herrschaft stand, ließen sich Juden meist aus ideologischen oder religiösen Motiven nieder; jedoch machte diese Gruppe vor dem Ersten Weltkrieg nicht einmal drei Prozent aller jüdischen Emigranten aus. Manchmal bestimmten die Transportkosten das Auswanderungsziel: Die meisten Aschkenasim in Südafrika sind bis heute *Litwákeß,* weil in jener Zeit eine Schiffsverbindung zwischen Kapstadt und dem litauischen Kaunas (jidd. Kówne) bestand, die billiger als eine Überfahrt nach Amerika war. Daneben nahmen sich westeuropäische jüdische Hilfsorganisationen der Auswanderer an. So gründete der deutsche Unternehmer und Philanthrop Baron Maurice de Hirsch (Moritz Freiherr von Hirsch, 1831–1896) eine Stiftung zum Aufbau jüdischer Landwirtschaftskolonien in Argentinien. Ein Teil der Auswanderer kam nicht weiter als bis nach London oder in andere große Hafenstädte und blieb in Westeuropa.

An vielen Orten der Welt entstanden größere und kleinere jiddische Sprachinseln. Die größten lagen in den USA (New York, Philadelphia, Cleveland, St. Louis usw.), in Kanada (vor allem Montreal), Argentinien, Mexiko, Südafrika, Palästina und England. Die Einwanderer gründeten eigene Zeitungen und Zeitschriften,

Zweisprachige Werbung einer Konditorei, Buenos Aires 1909.

Theater, Wohlfahrtseinrichtungen, Gewerkschaften und religiöse Gemeinden und organisierten sich nach ihren Herkunftsregionen in *lándßmanschaftn* (‹Landsmannschaften›). In all diesen Bereichen fand das kulturelle und soziale Leben auf Jiddisch statt.

Sprachkontakte. Der Kontakt mit Sprachen der neuen Heimatländer hinterließ Spuren im Jiddisch der Einwanderer. In Nordamerika mischten sie Brocken von Englisch in ihre jiddische Umgangssprache, im geschriebenen Wort orientierten sie sich darüber hinaus nicht selten an dem, was sie für Hochdeutsch hielten. So pries der Inhaber von *Físcher'ß tschip ßtor (Fischer's cheap store)* in Newark sein Geschäft um 1898 auf einem Reklamezettel in einem mit englischen Ausdrücken durchsetzten und an die neuhochdeutsche Schriftsprache angelehnten Jiddisch marktschreierisch an:

> *Físcher'ß tschip ßtor – wu eß wird ímer ferkójft di béßte wáre, frisch und érschte kláße kwóliti zum erschtójnend bílikßtn prajs. Únsere ßpezjéle lekówed-schábeß ßejlß jéde woch ist a wórer glíklicher Klóndajk fir jedn éjnem.*
>
> *Fischer's cheap store* – wo immer die beste Ware verkauft wird, frisch und erste Klasse *quality* zum erstaunlich billigsten Preis. Unsere speziellen wöchentlichen Schabbat-*sales* ist [sic] ein wahrer glücklicher *Klondike* [Zentrum des damaligen Goldrausches in Alaska] für jedermann.

Der Einfluss des Englischen beschränkte sich nicht auf die Übernahme von Wörtern. Auch Bedeutungen wurden entlehnt. In bestimmten Zusammenhängen z. B. entspricht das jiddische Adjektiv *glajch* dem englischen *like* ‹ähnlich›. Daher konnte das Verb *glajchn* ‹ähneln, gleichen› im amerikanischen Jiddisch die Bedeutung des englischen *to like* ‹mögen› annehmen: *er glajcht dem sejdn* kann also nicht nur ‹er ist seinem Großvater ähnlich›, sondern auch ‹er mag seinen Großvater› bedeuten.

Aus englischem Wortmaterial wurden neue jiddische Ausdrücke geprägt wie z. B. *afódern* oder *afórdn* ‹sich leisten (können)› (engl. *to afford*) oder *mufn* ‹den Wohnort wechseln, umziehen› (engl. *to move*). *Di nekßdórike* ist im amerikanischen Jiddisch die Nachbarin. Das Wort ist aus dem englischen Ausdruck *next door* ‹nebenan› und der jiddischen Adjektivendung *-ik* gebildet.

Durch die unterschiedlichen Sprachkontakte entwickelte sich der Wortschatz in den einzelnen Sprachinseln teilweise auseinander. Als etwa in den Großstädten maschinelle Aufzüge eingerichtet wurden, übernahmen die Juden in Polen die polnische Bezeichnung *windy* als *wínde*, die Juden in Nordamerika die englische Bezeichnung *elevator* als *élewejder* ins Jiddische, während sie *wínde* in der Bedeutung ‹Fenster› (engl. *window*) gebrauchten. Doch übte die neue jiddische Literatursprache überall die Funktion einer die gesamte Sprachgemeinschaft überdachenden Hochsprache aus. Der beliebteste der Klassiker, Scholem Alejchem, wurde in New York und Kapstadt ebenso gelesen und verstanden wie in Wilna oder Warschau.

Weltsprache Jiddisch

Bis zur Jahrhundertwende hatte in Osteuropa nur eine kleine Minderheit der Juden das Jiddische zugunsten der Landessprache vollständig aufgegeben. In der neuen Welt lag der Anteil der sprachlich Assimilierten höher. Um 1900 betrug die Zahl der Jiddischsprecher rund 8 Millionen. Jiddisch wurde in sehr unterschiedlichen Lebenswelten der aschkenasischen Juden gesprochen: im Familienkreis, im traditionellen *chéjder* und in chassidischen Bethäusern, auf Versammlungen von sozialistischen und anarchistischen Gewerkschaften, in literarischen Gesellschaften, in Wirtshäusern und Fabriken.

Die verschiedenen Bedürfnisse dieser Lebenswelten wurden durch eine vielschichtige jiddische Literatur- und Zeitungslandschaft bedient: Es erschienen in großer Zahl religiöse Erbauungsschriften, populärwissenschaftliche Werke, Kinderliteratur, Kochbücher, Gesundheitsratgeber, Ratgeber für Auswanderer, Lehrbücher für die berufliche Fortbildung, satirische Zeitschriften, Übersetzungen und Bearbeitungen von Bestsellern wie Harriet Beecher Stowes *Onkel Toms Hütte* (1851–52, jidd. *Di schklaferáj* 1868 und *Onkl Tomß kébin* 1911), Charles Dickens' *David Copperfield* (1849, jidd. *Dówid ben Dówid Kóperfild*, 1894), Jules Vernes *In 80 Tagen um die Welt* (1873, jidd. *A rájse arúm di welt in áchzik teg*, 1900) oder *Hájnrich Hájneß werk* (‹Heinrich Heines Werke›, jidd. 1909). Politische Autoren wie Marx und Engels, August Bebel oder Theodor Herzl wurden zunächst als Bearbeitung und in Auszügen auf Jiddisch veröffentlicht, einige ihrer Werke bald auch vollständig übersetzt, von Propagandabroschüren zur Tagespolitik ganz zu schweigen.

Für die zahlreichen neuen Erscheinungen des modernen Lebens wurde der Wortschatz erweitert und angepasst. Wie bisher wurden Wörter aus dem Neuhochdeutschen und anderen Sprachen entlehnt, wie z. B. *eléktrisch* ‹elektrisch›. Andere Ausdrücke wurden in neue Lebensbereiche übertragen und erweiterten so ihre Bedeutung: In der Politik konnte z. B. *cháwer* (HAK) ‹Freund, Vereinsbruder in einer wohltätigen Bruderschaft› jetzt auch ‹Parteifreund› oder ‹Genosse› bedeuten, das Wort *aßífe* (HAK), das ursprünglich die Versammlung der jüdischen Gemeinde bezeichnete, wurde nun auch in der Bedeutung ‹Parteiversammlung› gebraucht.

Moderne Kultur verband die Sprachgemeinschaft über Länder und Kontinente. Jiddische Zeitungen berichteten über jüdische und allgemeine Angelegenheiten aus aller Welt. Bücher wurden im- und exportiert, Zeitungen druckten Fortsetzungsromane und Artikel von Schriftstellern ab, die in anderen Ländern lebten, beliebte Autoren gingen auf Lesereise, Schauspieler auf Tournee.

Das noch junge jiddische Theater bestand Ende des 19. Jahrhunderts aus umherreisenden Schauspieltruppen, die in angemieteten Räumlichkeiten Gastspiele gaben. Das bekannteste Ensemble wurde von Awróm Góldfaden (1840–1908) geleitet, aus dessen Feder die aufgeführten Melodramen, Komödien und Operetten stammten. Goldfadens Bühnenwerke und die von ihm komponierten Lieder wurden in der jiddischen Welt rasch populär und erschienen auch in gedruckter Form. 1883, gerade als das moderne jiddische Theater in Osteuropa erste Triumphe feierte, begannen die russischen Behörden, die Aufführung von Stücken in jiddischer Sprache zu verbieten. Dabei handelten sie vermutlich weniger aus einer Ablehnung des Jiddischen heraus als vielmehr aus der Gewohnheit, alles als verboten zu betrachten, was nicht ausdrücklich erlaubt war. In der Folge zogen viele jiddische Schauspieltruppen den jüdischen Auswanderern hinterher und traten vermehrt in jiddischen Sprachinseln wie London, New York, Chicago und Buenos Aires auf, wo sie Jiddisch ungehindert auf die Bühne bringen konnten und sich etablierten. Im Zarenreich selbst versuchten die Ensembles, das Verbot dadurch zu umgehen, dass sie der Zensur Stücke in deutscher Sprache vorlegten und vorgaben, sie auch auf Deutsch zu spielen. Die Beschränkungen für das jiddische Theater fielen erst nach der gescheiterten Revolution von 1905 endgültig weg.

Jiddischisten gegen Hebraisten

Während sich die Gesellschaft vor ihren Augen modernisierte, begann eine wachsende Zahl jüdischer Intellektueller in Europa und Amerika, die aschkenasischen Juden als eine Kultur- und Sprachgemeinschaft zu verstehen, in der die Religion nur ein gemeinsames Band unter vielen, wenn nicht sogar verzichtbar war. Unter dem Einfluss der zu dieser Zeit vieldiskutierten Ideen des Sozialismus und des Nationalismus entdeckten sie «das Volk» bzw. «das jüdische Volk» als eine geschichtliche Größe neu, als eine Minderheit, die ein Anrecht auf freie Entfaltung der eigenen Kultur und Muttersprache hatte. Diese Neuorientierung ging bei einem Teil der jüdischen Intelligenz mit einer Aufwertung des Jiddischen einher.

Die Pogrome der 1880er Jahre und der zunehmende Antisemitismus, vor allem im Zarenreich, ließen eine wachsende Zahl jüdischer Intellektueller daran zweifeln, dass sprachliche und kulturelle Assimilation den Juden langfristig die volle Akzeptanz als gleichwertige Mitglieder der Gesellschaft einbringen würde. Die Haskala hatte in ihren Augen keine greifbaren Verbesserungen gebracht, und die sozialistischen Parteien und die revolutionäre Bewegung in Russland hatten ihnen als Vision meist nur ein spurloses Aufgehen der Juden in der Mehrheitskultur bzw. einer zukünftigen universalen proletarischen Kultur zu bieten, dies nicht selten unter kaum verhüllten chauvinistischen und antisemitischen Vorzeichen. Aus solchen Enttäuschungen heraus orientierten sich prominente jüdische Befürworter der Assimilation ideologisch neu.

Jüdische Intellektuelle entwarfen Theorien und Projekte für die Zukunft der Juden als einer modernen Nation, deren Fortbestand nicht länger von der Religion abhängig sein sollte. Es entstanden mehrere, miteinander konkurrierende jüdische Nationalbewegungen. Nicht jede dieser Bewegungen hatte die Errichtung eines autonomen oder souveränen jüdischen Gemeinwesens auf einem eigenen Territorium zum Ziel, wie etwa der Zionismus, der eine Staatsgründung in Palästina anstrebte. Nicht wenige Intellektuelle begnügten sich mit der Forderung nach einer kulturellen Autonomie für die aschkenasischen Juden in den Ländern der Diaspora, in der Jiddisch oder Hebräisch die Rolle einer Nationalsprache einnehmen sollte.

Welche der beiden Sprachen die zukünftige Nationalsprache der Juden werden sollte oder ob sich beide diese Rolle teilen könnten, verstand sich keineswegs von selbst. Diese Fragen beschäftigten gleichermaßen Vertreter eines Diaspora-Nationalismus, der das Leben als Minderheit bejahte, wie auch Zionisten und andere Gruppen, die nach einem eigenen Territorium strebten, und gaben bis weit ins 20. Jahrhundert hinein Anlass zu erbittertem Streit. Die Argumente, mit denen die Auseinandersetzung um die Wahl der Nationalsprache geführt wurde, appellierten ebenso an negative Selbstbilder wie an ideale Wunschvorstellungen von der zukünftigen jüdischen Nation und waren nicht immer rational begründet.

Die Anhänger des Hebräischen, die Hebraisten, beriefen sich darauf, dass Hebräisch seit jeher bei allen Juden als Hoch- und Gelehrtensprache in Gebrauch war. In ihren Augen war Hebräisch die ererbte Nationalsprache, die die Juden im alten Israel vor ihrer Zerstreuung gesprochen hätten und die wieder in allen, auch den alltäglichen, Lebensbereichen gebraucht werden sollte. In den 1880er Jahren unternahmen sie erste Versuche, das Hebräische als gesprochene Sprache wiederzubeleben. Das Jiddische empfanden sie als einen hässlichen Jargon, als Sprachgemisch, das im «Ghetto» entstanden sei und ihm verhaftet bliebe. Dagegen wiesen die Anhänger des Jiddischen, die Jiddischisten, darauf hin, dass Jiddisch die Muttersprache der weitaus überwiegenden Mehrheit der Juden sei. Sie betrachteten Hebräisch wie Latein als eine tote Sprache und jeden Versuch seiner Wiederbelebung als unnütze Kraftverschwendung. Für die radikalen Säkularisten unter ihnen verkörperte Hebräisch – die «Heilige Sprache» – zudem die jüdische Religion, die sich wie alle anderen Religionen überlebt habe und in naher Zukunft absterben werde. Für andere wiederum lebte der echte «jüdische Volksgeist» vor allem in der jiddischen Sprache. Die Mehrheit der Zionisten waren Hebraisten, die Mehrheit der Diaspora-Nationalisten Jiddischisten.

Die größte und einflussreichste Partei in der jüdischen Arbeiterbewegung in Osteuropa, der 1897 gegründete «Allgemeine jüdische Arbeiterbund in Polen, Litauen und Russland», kurz «Bund», hatte es anfangs vermieden, sich in der Frage nach der Zukunft der Juden als Nation programmatisch festzulegen. Weil die Mehrheit der jüdischen Arbeiter und Kleinhandwerker im Zarenreich nur über ihre Muttersprache wirklich erreicht werden konnte, setzte der «Bund» von Anfang an das Jiddische für die Partei- und Bildungsarbeit vor Ort wie auch für Zeitungen, Propaganda und Aufklärungsschriften ein, ohne zunächst der Sprache als solcher einen besonderen Wert beizumessen. Führende Funktionäre des «Bund», die aus assimilierten Familien stammten, sahen sich gezwungen, Jiddisch zu lernen. Erst 1905 wurde die Forderung nach einer nationalen und kulturellen Autonomie in aller Form in das Parteiprogramm aufgenommen. In der Sprachenfrage nahm der «Bund» nun eine radikale Haltung ein: Jiddisch sollte die einzige Nationalsprache der Juden werden, eine Wiederbelebung des Hebräischen wurde ebenso abgelehnt wie die gesamte religiöse Tradition des Judentums.

Die Jiddischisten begnügten sich nicht mit der Forderung nach Anerkennung des Jiddischen als Sprache. Nach ihrem Verständnis sollte eine Nationalsprache als Unterrichtssprache in modernen Schulen, zum Gebrauch auf Ämtern und in Behörden, für alle Arten von Schriftverkehr, für den modernen Kulturbetrieb und alle anderen Bereiche des öffentlichen Lebens tauglich sein. Dazu waren Regelwerke für Rechtschreibung, Grammatik, Wortschatz und andere Sprachfragen unverzichtbar.

Einen ersten Versuch, sich zu organisieren, unternahmen die Jiddischisten mit einer Sprachkonferenz, die 1908 in der habsburgischen Bukowina in Czernowitz (heute Tscherniwzi, Ukraine) stattfand. Die Initiative zur Konferenz ging von dem assimilierten Wiener Rechtsanwalt Nathan Birnbaum (1864–1937) aus, der selber gerade erst angefangen hatte, Jiddisch zu lernen. Den Aufruf unterzeichneten prominente Jiddischisten und Schriftsteller aus Europa und Amerika, unter ihnen der einflussreiche Theoretiker eines sozialistischen Diaspora-Nationalismus Chaim Zhitlowsky (Chájem Shitlówßki, 1865–1943). Auf der Tagesordnung der Kon-

Postkarte mit fünf Hauptakteuren der Sprachkonferenz in Czernowitz 1908: *v. l. n. r.* Awróm Rejsn, I. L. Peretz, Schólem Asch *(stehend)*, Chaim Zhitlowsky, Hirsch-Dówid Nómberg.

ferenz standen nicht nur praktische Fragen, sondern auch die Anerkennung der jiddischen Sprache. Über diesen letzten Punkt wäre die Konferenz beinahe gescheitert. Einige Hebraisten waren gekommen, um ihre Ideale zu verteidigen, und protestierten lautstark gegen anti-hebräische Polemik und alles, was in ihren Augen den Status des Hebräischen in Frage stellte. Andere Teilnehmer, unter ihnen der jiddische Schriftsteller Hirsch-Dówid Nómberg (1876–1927) und zeitweilig auch I. L. Peretz, bezogen eine vermittelnde Position und wollten das Jiddische fördern, ohne sich hinsichtlich der zukünftigen Rolle des Hebräischen endgültig festzulegen. Als die Delegierte des «Bund», Éster Frúmkin (Chája-Málke Lífschiz, 1880–1943), die Resolution «Jiddisch ist *die* Nationalsprache der Juden» zur Abstimmung vorschlug, fand sie keine Mehrheit. Nach erbitterten Debatten einigte man sich auf die Formulierung: «Jiddisch ist *eine* Nationalsprache der Juden.» Als eine Gruppe jiddischer Schriftsteller um Nomberg im Anschluss an die Konferenz auf einer Lese- und Vortragsreise durch Galizien und die Bukowina für den Jiddischismus werben wollte, wurden ihre Veranstaltungen durch anwesende Hebraisten systematisch gestört.

Die politisch zersplitterte jiddische Presse urteilte zumeist ablehnend über die Czernowitzer Konferenz, da sie keine greifbaren Resultate vorweisen konnte und die Kompromissformel weder die Radikalen unter den Jiddischisten noch die Hebraisten zufriedenstellte. Die Kulturschaffenden, politischen Aktivisten und Schriftsteller in der jiddischsprachigen Welt waren ohnehin längst dabei, eigene Organisationen zu gründen und Regelwerke für das Jiddische zu verfassen. Einige von ihnen begannen die Geschichte der jiddischen Sprache und ihre Literatur und Kultur systematisch zu erforschen, dies nicht selten als wissenschaftliche Autodidakten und Einzelkämpfer. Am Vorabend des Ersten Weltkriegs waren die Wortführer des Jiddischismus voller Zuversicht über die Zukunft des Jiddischen.

8. Blüte, Assimilation und Zerstörung

Der Erste Weltkrieg

Mit dem Beginn des Ersten Weltkriegs 1914 wurde die jüdische Auswanderung aus Osteuropa schlagartig unterbrochen. Einer der Hauptkriegsschauplätze waren die Gebiete des russischen Ansiedlungsrayons sowie das habsburgische Galizien. Als eine der am stärksten benachteiligten Minderheiten des Zarenreiches rückten die Juden nun ins Blickfeld beider Kriegsparteien. Weil die russische Regierung ihren jüdischen Untertanen Sympathien für den Feind unterstellte, ließ sie viele von ihnen ins Hinterland deportieren. Die Oberste Heeresleitung der deutschen und österreichischen Armeen wiederum versuchte, sich gegenüber den Juden als Befreier darzustellen und mit dem Versprechen von Gleichberechtigung und Freiheit deren Unterstützung zu gewinnen. Nach dem Einmarsch in Kongress-Polen 1914 verbreitete sie ein Flugblatt in jiddischer und hebräischer Sprache mit dem Aufruf «*Zu di idn in Pojln*» (‹An die Juden in Polen›):

> *Zu lang hot ir sich geplógt únter dem ájsernem Moßkowítischn joch. Wi frajnd kúmen mir zu ajch, di barbárische frémde regírung is ojß!*
>
> Zu lange habt Ihr unter dem eisernen Joch Moskaus gelitten. Als Freunde kommen wir zu Euch, die barbarische Fremdherrschaft ist vorbei!

Die deutsche Militärverwaltung verwendete die Sprachen der unter ihrer Herrschaft lebenden Minderheiten in Propagandaschriften und zum Teil auch in offiziellen Dokumenten wie z. B. Ausweisen. Auch gestattete sie die Tätigkeit von Kulturvereinen und Selbsthilfeorganisationen der Minderheiten, so weit dies zur Aufrechterhaltung der Besatzung beitrug. Im Verwaltungsbereich des Oberbefehlshabers Ost (kurz: OberOst), der Litauen, Kurland und Teile von Belarus umfasste, wurde Jiddisch 1916 als eine offizielle Sprache anerkannt. Unter deutscher Aufsicht und Zensur erschien in Wilna eine jiddische Tageszeitung, die *Lézte najß* (‹Neueste Nachrichten›). Das nur vier Seiten starke Blatt diente in erster Linie als Verlautbarungsorgan der Besatzer. Daneben versorgte es seine Leser mit wichtigen Informationen über jüdische Angelegenheiten vor Ort und in aller Welt wie auch mit interessanten Mitteilungen aus dem jüdischen kulturellen Leben. Trotz des Krieges füllte die Nachricht vom Tod Scholem Alejchems, der am 13. Mai 1916 in New York gestorben war, wenige Tage später die halbe Titelseite, die sonst offiziellen Meldungen vorbehalten war.

Im neuen Europa

Als Folge des Ersten Weltkriegs wurde das politische Gefüge Osteuropas neu geordnet. Das Habsburger- und das Zarenreich waren zusammengebrochen und an ihre Stelle neue Staaten getreten, unter ihnen die Tschechoslowakei, die baltischen Länder und Ungarn. Polen wurde als unabhängiger Staat wiederhergestellt. In den Friedensverträgen wurden Ländergrenzen radikal neu gezogen. In vielen Gebieten, in denen aschkenasische Juden lebten, hörten die Wirren jedoch nicht auf. Russland, Belarus und die Ukraine versanken nach der Oktoberrevolution von 1917 in einem blutigen Bürgerkrieg, an dem sich auch ausländische Mächte beteiligten und der erst mit dem Sieg der Bolschewiki 1921 und der Gründung der Sowjetunion Ende 1922 seinen Abschluss fand. Vorstöße der Roten Armee nach Polen und ins Baltikum scheiterten; Polen wiederum führte 1920 einen Krieg zur Ausdehnung seiner Herrschaft nach Osten, in dem es auch Wilna eroberte. In der Ukraine fielen Juden während des Bürgerkriegs nicht allein den unmittelbaren Kampfhandlungen zum Opfer. Zwischen sechzig- und hunderttausend von ihnen wurden in Pogromen brutal ermordet, die Anhänger nahezu aller kämpfenden Parteien verübten.

פרייז 10 פעניג

לעצטע נײַעס

נומער 91

19 מאי 1916

געשטארבען שלום-עליכם.

ניטא שלום-עליכם...

Lezte najß, 19. Mai 1916: Titelseite mit der Nachricht vom Tod Scholem Alejchems.

Auf der Flucht vor den andauernden Kriegswirren gelangten zahlreiche Juden nach Mittel- und Westeuropa. Für einige Jahre wurden Berlin, Wien und Paris Zentren der jiddischsprachigen Emigration aus Osteuropa. In diesen Städten erschienen jiddische Zeitungen, Zeitschriften und Bücher; jiddische Schauspieltruppen gaben dort Gastspiele. Jiddische Literaten wie Dovid Bergelson (Dówid Bérgelßon, 1884–1952) oder Intellektuelle wie Nóchem Schtif (1879–1933) besuchten in Berlin das Romanische Café oder sprachen wenige Straßen weiter im «Scholem-Alejchem-Club».

Die Pariser Vorortverträge von 1919–1920, mit denen der Erste Weltkrieg beendet wurde, hatten den neu geschaffenen Staaten Osteuropas die Anerkennung und den Schutz von Minderheiten auferlegt. Die politischen Parteien der aschkenasischen Juden, die bis dahin in der Illegalität oder Halblegalität gearbeitet hatten, wie z. B. der «Bund» oder die Zionisten, traten nun offen zu den allgemeinen Wahlen an. Die meisten orthodoxen und chassidischen Juden unterstützten die 1912 gegründete «Agudas Jisroel» (jidd. *Agúdeß Jißróel*, ‹Union Israels›), die Zweige in ganz Europa sowie in Amerika und Palästina hatte. Nicht nur der jiddischistische «Bund» und die religiöse «Agudas Jisroel», die die traditionelle jiddisch-hebräische Zweisprachigkeit bewahrte, gebrauchten für Propagandaschriften und auf Wahlplakaten das Jiddische, auch Parteien wie die bürgerliche «Fólkßpartej» (‹Volkspartei›) oder die sozialistisch-zionistische «Poale Zion» mobilisierten ihre Wähler auf Jiddisch.

In den Amerikas

Obwohl ab 1919 die jüdische Emigration in die «Neue Welt» wieder anwuchs, erreichte sie nicht mehr die hohen Zahlen der Vorkriegszeit. Seit der Jahrhundertwende hatten die USA, gefolgt von Kanada und Argentinien, ihre Einwanderungsgesetze wiederholt verschärft. Kurz nach dem Ersten Weltkrieg wurden in diesen Ländern zusätzliche Bestimmungen erlassen, von denen Juden besonders betroffen waren. Die USA führten ein Quotensystem ein, das Süd- und Osteuropäer diskriminierte, Kanada nahm fast nur noch Arbeitskräfte mit landwirtschaftlichen Berufen auf, Argentinien erschwerte aus Furcht vor kommunistischen Revolutionären die Einwanderung aus Russland. Ab 1920 wurden daher Brasilien, Mexiko und andere lateinamerikanische Staaten zu bevorzugten Einwanderungszielen für Juden aus Europa, bis auch diese Länder in den dreißiger Jahren die Zuwanderung beschränkten.

In Argentinien lebten wie in Kanada zwischen den Weltkriegen weit über 100 000 Juden. In Brasilien waren es 1940 über 50 000, in Mexiko über 20 000, die vor allem in Städten wie Mexiko City, São Paulo und Rio de Janeiro wohnten. Nur ein Teil von ihnen waren jiddischsprachige Aschkenasim. In Argentinien zogen in dieser Zeit Juden aus den Agrarkolonien verstärkt nach Buenos Aires, wo sich auch die meisten Neueinwanderer niederließen. Noch in den kleinsten Gemeinden wurden jiddische Zeitungen und Zeitschriften herausgegeben. In größeren Städten konnten sich unabhängig voneinander verschiedene politische und religiöse Strömungen organisieren, die jeweils ihre eigenen Presseorgane und Kulturvereine hatten.

Urbanes Leben

Die neuen Freiheiten und die Auffächerung des politischen Spektrums waren nicht die einzigen Gründe für den Aufschwung, den die jiddische Presse in der Zwischenkriegszeit vor allem in Polen nahm. Die verschiedenen Bedürfnisse einer wachsenden Leserschaft spiegeln sich in einer Vielzahl von politisch oder religiös ausgerichteten Tageszeitungen, literarischen Magazinen, Kinderzeitschriften und Blättern einer bunten Sensationspresse. Erstmals fand in Osteuropa eine größere Zahl jiddischer Schriftsteller mit dem Verkauf von Fortsetzungsromanen, Erzählungen, Essays, Kritiken, Gedichten oder journalistischen Arbeiten ein Auskommen. I. J. Singer (Jißróel-Jeschúe Sínger, 1893–1944), Verfasser von Romanen wie *Jósche Kalb* (1932) und *Di bríder Aschkenási* (‹Die Brüder Aschkenasi›, 1936), bezog sogar ein festes Gehalt als Korrespondent für den New Yorker *Fórwertß* (‹Vorwärts›, benannt nach dem Organ der deutschen Sozialdemokratie). Die 1897 von dem Journalisten Abraham Cahan (1860–1951) gegründete Tageszeitung, die der Gewerkschaftsbewegung nahestand, erreichte in den späten zwanziger Jahren mit über 250 000 gedruckten Exemplaren pro Tag ihre höchsten Auflagenzahlen. Während Autoren wie Singer ihre Beiträge in einem hochstehenden, literarischen Jiddisch schrieben, folgte die Mehrheit der Journalisten dem Sprachgebrauch der Einwanderer auf der Straße und verwendete viele Amerikanismen wie z. B. *ilékschnß* ‹Wahlen› (engl. *elections*), was Cahan ausdrücklich guthieß.

Jiddische Schriftsteller und Dichter wandten sich avantgardistischen Strömungen zu und fanden sich in Zentren wie New York, Warschau, Wilna und Kiew in Gruppen zusammen, die literarische

Zeitschriften herausgaben. Ihre Werke, in denen sie mit den Ausdrucksmöglichkeiten des Jiddischen künstlerisch experimentierten, wurden nicht nur innerhalb der eigenen Kreise, sondern auch in anderen Ländern gelesen.

Privatgelehrte und Kulturaktivisten veröffentlichten ihre Forschungen zur jüdischen Geschichte und zur jiddischen Sprache und Literatur vermehrt auf Jiddisch. Der Abgeordnete der «Folkß-partej» im polnischen Sejm, Nójech Prilúzki (Pryłucki, 1882–1941), erforschte die jiddischen Dialekte, der Journalist Sálmen Rejsn (1887–1941) gab ein Lexikon der jiddischen Gegenwartsliteratur und Presse heraus, der Chemiker Jißróel Zínberg (Israel Zinberg, 1873–1939) schrieb eine mehrbändige Geschichte der jüdischen Literatur von ihren Anfängen bis zur Gegenwart. Populäre jiddische Darstellungen zu Sozial- und Naturwissenschaften, Geografie, Technik und Philosophie fanden viele Leser, ebenso Übersetzungen von Aufsehen erregenden literarischen Werken wie Erich Maria Remarques *Im Westen nichts Neues* (*Afn májrew-front kejn nájeß*, 1929).

Lieder aus jiddischen Theatern und Kabaretts verbreiteten sich über Notendrucke und Schallplatten. So wurden *Majn schtétele Belz* (‹Mein Städtchen Belz›, gemeint ist ursprünglich Bălţi, Rumänien, heute Moldau) und *Baj mir bíßtu schejn* (‹Du gefällst mir sehr›) schon kurze Zeit nach ihrer Erstaufführung an der New Yorker Second Avenue, dem so genannten «jüdischen Broadway», in der ganzen jiddischen Welt (und nicht nur dort) zu Schlagern. *Der rébe Eliméjlech* (‹Der Rebbe Elimelech›) von Mójsche Nádir (Jízchok Rajs, 1885–1943), eine Parodie auf das englische Kinderlied *Old king Cole*, wurde sogar zu einem beliebten jüdischen Volkslied.

In den USA fanden neue Medien weite Verbreitung und hielten auch in die jiddische Welt Einzug. 1927 gründete der sozialistische «árbeter-ring» (‹Arbeiterring›) in New York einen eigenen Radiosender, «WEVD», der 1932 vom *Fórwertß* übernommen wurde. Solche Sender mit einem überwiegend jiddischsprachigen Programm blieben die Ausnahme. In der Regel mieteten Firmen, die die jüdischen Einwanderer als Absatzmarkt entdeckt hatten, Sendeplätze bei lokalen amerikanischen Radiostationen und boten zu

Titelseite des Romans *Klínton ßtrit* (Clinton Street) von Chawer Pawer (Pseudonym von Gershon Einbinder). Die Buchillustration stammt von Zuni Maud, geb. 1891 in Polen, der 1905 nach New York emigrierte und dort 1956 starb.

festen Zeiten ein kommerzielles Programm mit Unterhaltung und Werbung in jiddischer Sprache.

Die Anfänge der jiddischen Filmindustrie fallen noch in die Stummfilmzeit. Für ein internationales, jiddischsprachiges Publikum wählten Produzenten bekannte Stoffe der jiddischen Bühne und Literatur, die nach Möglichkeit mit beliebten Schauspielern inszeniert wurden. Eine Warschauer Aufführung des erfolgreichen Dramas *Mírele Éfreß* von Jánkew Górdin (1853–1909) wurde 1912 mit Ester Rachel Kaminska (1870–1926) in der Titelrolle verfilmt; der sowjetische Staatsschauspieler Schlójme Michóelß (Ssolomon Michajlowitsch Wowssi, 1890–1948) verkörperte 1925 den erfolglosen Glückssucher Menáchem-Mendl in *Jídische glikn* (‹Jüdisches Glück›) nach Motiven von Scholem Alejchem. Ab 1929 wurden auch erste jiddische Tonfilme produziert, vor allem in Polen und den USA. Für den Bühnenstar Molly Picon (1898–1992) wurden Drehbücher zu erfolgreichen Filmen wie *Jidl mitn fidl* (‹Jidl mit der Fiedel›, Polen 1937) geschrieben, die leichte Unterhaltung boten. Das Leben der jüdischen Einwanderer in New York wurde in *Uncle Moses* (‹Onkel Moses›, USA 1932), der Verfilmung eines Romans von Scholem Asch (1880–1957), inszeniert. *Der díbek* (‹Der Dybbuk›, Polen 1937), nach einem Drama von S. Anski (Schlójme Sajnwl Rápaport, 1863–1920), spielt dagegen in einem mit Folklore gesättigten, ins 19. Jahrhundert entrückten Osteuropa.

Palästina: Durchsetzung des Hebräischen

Nach dem Ersten Weltkrieg nahm die jüdische Einwanderung nach Palästina einen neuen Charakter an. Neben Idealisten, für die religiöse oder ideologische Überzeugungen als Motiv unvermindert an erster Stelle standen, kamen nun in größerer Zahl auch Flüchtlinge. Instabile Verhältnisse und judenfeindliche Diskriminierung, die ab Mitte der 1930er Jahre in mehreren mittel- und osteuropäischen Staaten zur Regierungspolitik wurde, hatten sie in die Auswanderung getrieben. Nachdem die Einreise in die Vereinigten Staaten und andere favorisierte Zielländer erschwert worden war, wichen europäische Juden zunehmend auf Palästina aus.

1920 sicherte sich Großbritannien die Herrschaft über Palästina in Form eines 1922 vom Völkerbund bestätigten Mandats, das die Vorbereitung des Landes auf die Unabhängigkeit vorsah und – gemäß der so genannten Balfour-Erklärung von 1917 – in absichtlich unklar gehaltener Formulierung «die Errichtung einer jüdischen nationalen Heimstätte» bei gleichzeitiger Wahrung aller Rechte der nichtjüdischen Bevölkerung zum Ziel hatte. Hebräisch wurde neben Englisch und Arabisch als eine der drei offiziellen Sprachen des Mandatsgebiets anerkannt. Die jüdische Bevölkerung in Palästina, der *Jischúw* (hebr. ‹Bevölkerung, Siedlung›) erhielt weitgehende kulturelle und wirtschaftliche Selbstverwaltung und war zusammen mit der Zionistischen Organisation für die Anwerbung und Ansiedlung der jüdischen Einwanderer zuständig. Die politischen Eliten der Zionisten bauten zielstrebig ein jüdisches Gemeinwesen auf, in dem allein das Hebräische als Nationalsprache offizielle Funktionen hatte. Darüber hinaus verfolgten sie auch das Ziel, die gesamte jüdische Bevölkerung langfristig hebräischsprachig zu machen. Die Masse der Zuwanderer und auch viele alteingesessene Juden waren mit dieser Sprachenpolitik mehrheitlich einverstanden oder stellten sie zumindest nicht in Frage.

Um die Jahrhundertwende waren die meisten Juden in Palästina jiddischsprachige Aschkenasim, andere sprachen Russisch, Dshudésmo (Jüdisch-Spanisch, auch Ladino genannt) und Arabisch. Nach 1904 waren vermehrt hebraistisch eingestellte Zionisten ins Land gekommen, aus deren Reihen sich die politische Führungsschicht der Mandatszeit formte und die auch in der Gründungsversammlung und späteren offiziellen Volksvertretung des *Jischúw* als bestimmende Kraft auftraten. Nach einem Beschluss von 1920 war die aktive Beherrschung des Hebräischen in Wort und Schrift rechtliche Voraussetzung für die Wählbarkeit in das jüdische Parlament. Auf diese Weise waren der Status und der offizielle Gebrauch des Hebräischen gesichert, auch wenn es vor den 1930er Jahren vermutlich noch kaum echte hebräische Muttersprachler gab.

Dennoch empfanden die politischen Eliten das Jiddische nicht ohne Grund als bedrohlichen Konkurrenten für das Hebräische: In den Häusern und auf den Straßen von Tel Aviv und Jerusalem wurde noch lange Zeit mehr Jiddisch als Hebräisch gesprochen, und Jiddischisten aus dem Umfeld politischer Klein- und Splittergruppen wie der «Linken Poale Zion» wurden nicht müde, für die Anerkennung des Jiddischen einzutreten. Die Hebraisten versuchten demgegenüber mit teilweise drastischen Mitteln, das Jiddische aus dem öffentlichen Leben zu verdrängen. Die zionistische Intelligenz ignorierte, ächtete und boykottierte Jiddisch und jiddischistische Aktivitäten, die Veröffentlichung von jiddischen Zeitungen und Zeitschriften und ähnliche Unternehmungen wurden nach Kräften behindert, und organisierte Gruppen von meist jugendlichen Eiferern ließen sich wiederholt zu Ausschreitungen hinreißen. Eine um 1923 gegründete «Brigade der Verteidiger der [hebräischen] Sprache in Israel» versuchte, Drucker und Kioskbetreiber, die sich an Herstellung und Vertrieb jiddischer Zeitschriften beteiligten, durch Brandstiftungen einzuschüchtern und unerwünschte Veranstaltungen gewaltsam zu stören. 1935 überfielen in Tel Aviv randalierende Eiferer die Versammlung des Jiddischen Schriftsteller- und Journalistenverbands, der zu dieser Zeit etwa zwanzig Mitglieder hatte.

1927 sollte der Hebräischen Universität in Jerusalem eine Professur für Jiddische Sprache und Literatur gestiftet werden. Obwohl der Stifter, ein amerikanischer Verleger, sein Angebot an keinerlei Bedingungen knüpfte, die ein Zugeständnis der Universität an das Programm des Jiddischismus bedeutet hätten, und die Lehre vollständig auf Hebräisch stattfinden sollte, scheiterte dieser Plan an dem Widerstand aus den Reihen der Professoren und prominenter Intellektueller, in den sich auch die Eiferer der «Brigade» einschalteten. Am Ende wurde die Einrichtung des Lehrstuhls zwar formell beschlossen, aber auf unbestimmte Zeit vertagt.

Jiddische Schulen

Die Minderheitenschutzgesetze der neu gegründeten oder unabhängig gewordenen Staaten in Osteuropa erlaubten den jüdischen Organisationen außerhalb der Sowjetunion die Gründung und den Unterhalt eigener Schulen. In den einzelnen Ländern entstanden Schulverbände mit unterschiedlicher politischer und kultureller Ausrichtung. Eng mit dem «Bund» verflochten war die 1921 gegründete «Zentrale jiddische Schulorganisation» (auf Jiddisch kurz: *Zíscho*). In Polen unterhielt sie ein Netz aus jiddischsprachigen Kindergärten, Elementar- und Volksschulen, weiterführenden Schulen und Gymnasien sowie ein Lehrerseminar in Wilna. Die «Agudas Jisroel» übernahm 1919 die zwei Jahre zuvor von Sarah Schenirer (Ssóre Schnírer, 1883–1935) gegründeten so genannten *Bejß Jánkew*-(‹Haus Jakobs›-)Schulen für Mädchen. Der Lehrplan legte besonderes Gewicht auf eine religiöse, orthodox-jüdische Bildung und sollte im Zeitalter der allgemeinen Schulpflicht eine Alternative zu weltlichen und nicht-jüdisch geführten Schulen bieten. Für Jungen unterhielt die «Agudas Jisroel» eigene Schulen, in denen das traditionelle Lehrprogramm von *chejder* und *jeschiwe* im Rahmen der staatlichen Vorgaben weitergeführt wurde.

In allen Minderheitenschulen musste auch die Landessprache unterrichtet werden. An den weltlichen jiddischistischen «Zischo»-Schulen war der Unterricht möglichst vieler Fächer auf Jiddisch, darunter auch der jiddischen Literatur, eine Frage des Prinzips. Bei den Orthodoxen war der jiddischsprachige Unterricht kein Selbstzweck, sondern eher ein Mittel, um besonders die Mädchen von als schädlich angesehenen Einflüssen aus der nicht-orthodoxen Umwelt abzuschirmen. In den zionistisch geführten, hebraistischen Schulen war Jiddisch verpönt. Dagegen erlaubte die «Zischo» an einigen ihrer Schulen einen begrenzten Hebräisch-Unterricht. Die meisten jüdischen Kinder in Polen besuchten jedoch die staatlichen, polnischsprachigen Schulen, weil dort der Unterricht kostenlos war. In Städten mit hoher jüdischer Bevölkerung gab es besondere staatliche Schulen für jüdische Kinder, an denen am Schabbat und an den jüdischen Feiertagen kein Unterricht stattfand. Der Polnischunterricht an allen Schulen, gleich welcher Ausrichtung, förderte den Gebrauch dieser Sprache im jüdischen Milieu, sodass Polnisch auf Dauer wahrscheinlich die Muttersprache der Mehrheit aller Juden in Polen geworden wäre. In der Tschechoslowakei, in der es keine weltliche jiddischistische Schulbewegung gab, fanden ähnliche Entwicklungen statt. In den baltischen Staaten, wo sich die offiziellen Nationalsprachen in den Bereichen Bildung, Verwaltung und Wissenschaft erst durchsetzen mussten, blieben Russisch und Deutsch noch längere Zeit von Bedeutung. Die meisten jüdischen Kinder in den baltischen Ländern besuchten jüdische Schulen, was den Sprachwechsel allerdings nur verzögerte, aber nicht aufhielt. In Ungarn war die Assimilation an die Landessprache schon vor dem Krieg weit fortgeschritten. In Rumänien wurden die staatlich finanzierten jiddischen Schulen bereits Mitte der 1920er Jahre auf staatlichen Druck hin rumänisiert. Dennoch blieb Jiddisch in den Provinzen Bessarabien, Bukowina und Transsylvanien unter Juden die hauptsächlich gesprochene Sprache.

Auch außerhalb Europas wurden jüdische Schulen unterschiedlicher religiöser und politischer Ausrichtung gegründet. In den

Vereinigten Staaten und Argentinien beschränkten sich die jiddischistischen Organisationen vorwiegend auf einen sonntäglichen jiddischsprachigen Zusatzunterricht. An einzelnen Orten, zum Beispiel im kanadischen Montreal, wo Jiddisch die drittgrößte Sprache war, unterhielten sie auch Tagesschulen. Allerdings wurde nicht an allen jüdischen Tagesschulen Jiddisch unterrichtet.

Der YIVO: ein jiddisches wissenschaftliches Institut

Anfang der 1920er Jahre versuchten jiddischistische Forscher, die in Städten wie Berlin, Warschau und Wilna einen Ort zum Arbeiten gefunden hatten, sich untereinander stärker zu vernetzen. Bei ihnen wuchs das Bedürfnis nach einer Forschungsinstitution, die die verschiedenen Aktivitäten über die Grenzen der einzelnen Disziplinen hinaus koordinieren und gleichzeitig auch als anerkannte Autorität in Sprachfragen dienen konnte. Eine 1924 von Nochem Schtif in Berlin verfasste Denkschrift *Wegn a jídischn akadémischn inßtitút* (‹Zu einem jiddischen akademischen Institut›) stieß daher auf große Resonanz. Innerhalb weniger Monate fanden sich führende jiddischistische Intellektuelle und Kulturaktivisten über parteipolitische Gräben hinweg zusammen, um seine Idee umzusetzen. Dabei wurden sie von jüdischen Schul- und Bildungsorganisationen in Polen wie dem «Zentralen Bildungskomitee» und der «Wilnaer Bildungsgesellschaft» unterstützt. Im August 1925 wurde das «Jiddische Wissenschaftliche Institut» (der *jídischer wíßnschaftlecher inßtitút*, kurz *jíwo*, auch YIVO) auf einer Konferenz in Berlin gegründet.

Sektionen. Der YIVO verstand sich als überparteiliche jiddischistische, säkulare und wissenschaftliche Organisation zur Erforschung der jiddischen Sprache, der Kultur und Geschichte des aschkenasischen Judentums und der Lebensbedingungen der Juden allgemein. Das Institut war nach den einzelnen Forschungsbereichen in vier Sektionen gegliedert, die aus praktischen Gründen an den Wohnorten der Direktoren ihren Sitz hatten: eine philologische Sektion in Wilna, eine psychologisch-pädagogische in Warschau, eine historische sowie eine sozial- und wirtschaftswissenschaftliche Sektion in Berlin. Das Direktorium des YIVO war in Wilna angesiedelt. Nach außen hin wurde das Institut durch ein Ehrenkuratorium aus international anerkannten jüdischen Wissenschaftlern und Persönlichkeiten aus verschiedenen Ländern repräsentiert, unter ihnen nicht nur jiddischsprachige Aktivisten wie Chaim Zhitlowsky (s. Kap. 7, S. 126) oder der Historiker Simon Dubnow (1860–1941), sondern auch assimilierte Juden wie Albert Einstein und Sigmund Freud. Eine Amerikanische Abteilung wurde bereits 1925 in New York gegründet, weitere Zweigstellen entstanden in Chicago, Buenos Aires, Palästina und anderen Zentren der aschkenasischen Migration. Zur Unterstützung des Instituts wurden Freundeskreise und Fördervereine gegründet, die zeitweilig in bis zu 28 Ländern vertreten waren.

Leiter der philologischen Sektion und erster Direktor des YIVO wurde Max Weinreich (1894–1969), ein Bundist, der am jiddischen Lehrerseminar in Wilna unterrichtete. Weinreich hatte Philologie und Germanistik in St. Petersburg, Berlin und Marburg studiert, wo er 1923 mit einer Dissertation zur Geschichte der jiddischen Sprachforschung promoviert hatte. Sowohl als Wissenschaftler als auch als Organisator nahm er von Beginn an eine herausragende Rolle ein und verschaffte dem Institut in der jüdischen Welt weithin Anerkennung. Seine Aktivitäten beschränkten sich nicht auf das Institut und die Forschung. Er engagierte sich auch im kulturellen Leben, z. B. als Gruppenleiter in einer bundistischen Pfadfinderorganisation oder als Korrespondent für jiddische Zeitungen wie den New Yorker *Fórwertß*. Daneben verfasste er populärwissenschaftliche Werke sowie ein Kinderbuch, studierte die Psychoanalyse und übersetzte Freud ins Jiddische.

Die Sektionen des YIVO gaben wissenschaftliche Zeitschriften und Mitteilungsorgane in jiddischer Sprache heraus. Auf diese Weise sollte der Verbundenheit mit der eigenen Sprachgemeinschaft und der erforschten Kultur Ausdruck verliehen und nicht zuletzt Jiddisch als Wissenschaftssprache etabliert werden.

Vereinheitlichung der Orthographie. Zu den Aufgaben der philologischen Sektion gehörte der Ausbau des Jiddischen zu einer in allen gesellschaftlichen und kommunikativen Funktionen einsetzbaren Hochsprache mit festen Regelwerken und Normen. Mit Nachdruck wurde die Schaffung und Verbreitung einer einheitlichen Orthographie betrieben. Bereits 1913 hatte der Jiddischist und Mitbegründer der sozialistisch-zionistischen Partei «Poale Zion» Ber Bórochow (Borochov, 1881–1917) in seinem programmatischen Aufsatz *Di úfgabn fun der jídischer filológje* (‹Die Aufgaben der jiddischen Philologie›) die Grundlagen einer modernen jiddischen Rechtschreibung entworfen. Borochow behielt die traditionelle Schreibweise der hebräisch-aramäischen Elemente bei. Ansonsten nahm seine Orthographie wieder stärker Rücksicht auf die tatsächliche Aussprache der Wörter im Jiddischen und brach radikal mit den aus dem Deutschen übernommenen Schreibkonventionen wie dem Dehnungs-h oder Doppelkonsonanten. Die «Zischo», die schon 1921 die Einführung einer neuen Rechtschreibung beschlossen hatte, delegierte diese Aufgabe 1926 an den YIVO. Die philologische Sektion erarbeitete eine Orthographie, die in Einzelheiten über Borochows Ideen hinausging, aber wie dessen Entwurf die traditionelle Schreibweise der hebräischen Wörter beibehielt. Die endgültige Fassung, *Takóneß fun jídischn ójßlejg* (‹Regeln der jiddischen Rechtschreibung›, 1937), wurde nicht nur von der «Zischo» in Europa, sondern auch von den Schulen des «Arbeiterrings» und vom «Scholem Alejchem Volksinstitut» in den USA übernommen.

Regulierung von Grammatik und Wortschatz. Andere Bereiche der Sprachplanung waren die Erstellung von Regelwerken zu Grammatik und Wortschatz. Die Spracharbeit des YIVO knüpfte an Tendenzen der Sprachentwicklung an, die bereits vor dem Ersten Weltkrieg in der Literatursprache vorhanden waren und auch in den Schriften der Klassiker erkennbar sind. Nachdrücklich betonten die Sprachplaner die Selbständigkeit des Jiddischen gegenüber all seinen Quellsprachen und lehnten die vor dem Ersten Weltkrieg weit verbreitete Orientierung am Neuhochdeutschen als Richtschnur für den eigenen hochsprachlichen Standard ab. Die grammatikalischen Regeln sollten in der eigenen literarischen

Tradition, vor allem der Literatur der Klassiker, und im gesprochenen Jiddisch gefunden werden.

Das Partizip Präsens sollte z. B. mit der Endung *-(e)ndik* gebildet werden (die seit dem späten Mittelalter die historisch gewachsene jiddische Form ist) und nicht mit der Form auf *-(e)nd*, also *síngendik* anstatt *síngend* ‹singend›. Bei Internationalismen wurde der aus dem Slawischen stammenden Endung *-zje* der Vorzug vor der deutsch klingenden *-zjón* gegeben; so heißt es im Standardjiddischen z. B. *operázje* statt *operazjón* ‹Operation›. In ähnlicher Weise schrieb man nach slawischem Vorbild auch *filoßófje* anstelle *filosófje* ‹Philosophie›. Bei der Entscheidung darüber, welcher Gebrauch zur hochsprachlichen Norm erhoben und welcher zur Dialektvariante oder zum «unzulässigen» Substandard erklärt werden sollte, konnten die Sprachplaner so gut wie gar nicht auf Forschungsdaten zurückgreifen, sondern mussten sich auf ihr Sprachgefühl, ihre Lektüre und ihr Erfahrungswissen verlassen.

Ein hervorstechender Zug der Sprachplanung des YIVO war ein Sprachpurismus, der sich vor allem gegen den Einfluss des Neuhochdeutschen (und in geringerem Maße des Russischen, Polnischen und Englischen) auf das Jiddische richtete. Anstelle von *ímer* ‹immer, ständig› sollte nur noch *tómed*, *schténdik* oder *ále mol* geschrieben werden. Der Gebrauch der beiordnenden Konjunktion *alß* ‹als› wurde verworfen zugunsten von *wi*, also zum Beispiel *wi a dókter* statt *alß dókter* ‹als Arzt› (arbeiten). Neuprägungen aus jiddischem Wortmaterial sollten Entlehnungen aus dem Deutschen ersetzen oder verhindern. Im älteren Jiddisch fand Max Weinreich z. B. den Ausdruck *sich genítn* ‹üben, trainieren› und prägte daraus das Wort *genítung* ‹Übung, Übungsaufgabe› als Ersatz für *íbung*. Seine Neuschöpfung wurde in die jiddischen Schulbücher der «Zischo» übernommen. Im Zweifelsfall sollte einem Internationalismus der Vorzug vor einem deutschen Lehnwort gegeben werden. So forderte Max Weinreich, lieber *obßerwázje* statt *baóbachtung* ‹Beobachtung› zu schreiben.

Wie bei anderen Sprachpurismen auch gab es keine einheitliche Argumentation. Die traditionelle Literatur des älteren Jiddisch, die Werke der Klassiker oder Aufzeichnungen von Worten «aus dem Volksmund» wurden nebeneinander als Autorität herangezogen und manchmal auch gegeneinandergestellt. Anders als bei staatlich verordneten Sprach- und Schreibreformen war die Übernahme der Regelwerke und Richtlinien des YIVO eine Sache der Freiwilligkeit und der zur Umsetzung nötigen finanziellen Mittel. Nicht alle weltlichen jiddischistischen Organisationen folgten dem YIVO, und auf das orthodox-religiöse Milieu hatte seine Spracharbeit kaum Einfluss.

Sowjetische Sprachplanung

Grundlegend andere Verhältnisse als in den übrigen europäischen Ländern hielten in Sowjetrussland Einzug. Bis in die 1920er Jahre hinein war die Macht der sowjetischen Regierung noch nicht gefestigt, das Land unterentwickelt. Um sich der Unterstützung der nationalen und ethnischen Minderheiten zu versichern und um sie in das wirtschaftliche und politische System einzubinden, umwarben die Kommunisten die Minderheiten mit dem Versprechen von nationaler Autonomie und kultureller Förderung. Die aschkenasischen Juden wurden nun offiziell als eine nationale Minderheit und das Jiddische als deren Nationalsprache anerkannt. Von radikalen Jiddischisten, die in die Reihen der Kommunisten übergewechselt waren, übernahm die sowjetische Führung die Doktrin, dass Jiddisch die Sprache des «jüdischen Proletariats» sei und Hebräisch die Sprache der Religion und der rückständigen Verhältnisse. Zusammen mit der Religion wurde die hebräische Sprache bekämpft; missliebige Bewegungen unter den Juden wurden von der Regierung ebenso unterdrückt wie andere politische Gegner.

Die Regierung finanzierte ein jiddischsprachiges Schulwesen, einschließlich weiterführender Schulen, Berufsschulen und einer akademischen Lehrerbildung. Die Partei sowie Staats-, Kultur- und Massenorganisationen unterhielten jiddischsprachige Sektionen und Programme. Jiddische Zeitungen, Zeitschriften und Bücher wurden unabhängig von der tatsächlichen Nachfrage subventioniert. 1920 wurde in Moskau ein «Jüdisches Staatstheater» gegründet. Mitte der 1930er Jahre war die Zahl der vom Staat eingerichteten jiddischen Bühnen auf fast 20 gewachsen.

Der ídischer árbeter in der komunístischer bawégung (1919–1921), Samuel Agursky, Minsk 1925.

Um der jüdischen Minderheit zumindest nominell ein eigenes nationales Territorium mit weitgehenden Autonomierechten zu bieten, beschloss die Sowjetregierung 1928, die westlich von Chabarowsk gelegene Region Birobidshan – ein fast menschenleeres Gebiet in der Taiga, das in der Vergangenheit auch von China und Japan beansprucht worden war – für jüdische Kolonisten zur landwirtschaftlichen Erschließung zu öffnen. 1934 wurde Birobidshan der Status eines «Jüdischen Autonomen Gebietes» verliehen und Jiddisch neben Russisch zur offiziellen Verwaltungssprache erklärt, obwohl zu dieser Zeit (und auch später) nicht mehr als 23 Prozent der Einwohner Juden waren. Ein jiddisches Theater und einige jiddische Schulen und Bibliotheken konnten aufmerksame Beobachter nicht darüber hinwegtäuschen, dass das Gebiet wirtschaftlich unterentwickelt blieb. Trotz massiver Propaganda wanderten nur wenige Menschen zu und viele wieder ab.

Schüler in einer Landwirtschaftsschule des American Joint Distribution Committee in der UdSSR, 1920er oder 1930er Jahre.

Im ehemaligen Ansiedlungsrayon (s. Kap. 6, S. 89) wurden in Bezirken mit einem starken jüdischen Bevölkerungsanteil jiddischsprachige Schulen eingerichtet. Obwohl es hier einen tatsächlichen Bedarf gab, bevorzugte eine wachsende Zahl von Eltern für ihre Kinder die russischsprachigen Schulen. Selbst in den Jahren der höchsten Anmeldezahlen, 1925–1931, besuchte nur wenig mehr als die Hälfte aller jüdischen Schüler eine jiddischsprachige Schule. Viele Juden zogen aus den ländlichen Gebieten in die großen Städte wie Kiew, Moskau und Leningrad (St. Petersburg) oder in andere Teile der Sowjetunion, wo es keine jiddischen Schulen gab. War um die Jahrhundertwende nur eine kleine Elite der Aschkenasim russifiziert, erfasste die Akkulturation nun weite Kreise. Vor allem die städtischen Juden gaben das Jiddische immer weniger an ihre Kinder weiter, sodass sich der Sprachwechsel zum Russischen beschleunigte. Mitte der dreißiger Jahre wurden bereits die ersten jiddischen Schulen wegen zu weniger Anmeldungen geschlossen.

Erklärtes Ziel der staatlichen Minderheitenpolitik war der Aufbau einer jiddischen sozialistischen Kultur unter sowjetischen Vorzeichen («national in der Form, sozialistisch im Inhalt»). Zu diesem Zweck wurden an der Belarussischen und der Ukrainischen Akademie der Wissenschaften eigene Institute gegründet, an denen die jiddische Sprache und Literatur erforscht und Sprachplanung betrieben wurde. An diesen Instituten arbeiteten an vorderster Stelle ehemalige Jiddischisten und Unterstützer des YIVO wie Nochem Schtif und der Literaturwissenschaftler Max Erik (Sálmen Mérkin, 1898–1937).

Die sowjetisch-jiddischen Sprachplaner, allen voran der Linguist Ájsik Sarézki (1891–1956), verfolgten einen eigenen Ansatz und grenzten sich scharf gegenüber den Bestrebungen des YIVO ab. Eine gewisse Uneinigkeit bestand in der Frage, wie weit man den wachsenden Einfluss des Russischen auf das tatsächlich gesprochene und geschriebene Jiddisch bei der Normierung der Hochsprache zu berücksichtigen habe. In den hochgradig politisierten Kontroversen und Polemiken jener Zeit ging es jedoch nie allein um die Sprachfragen selbst. Häufig genug galt es, sich gegenüber der Parteilinie und der herrschenden Ideologie, in deren Licht buchstäblich alle Tätigkeiten des menschlichen Lebens bewertet wurden, als loyal zu erweisen.

Die sowjetisch-jiddische Rechtschreibung, die bis 1934 stufenweise eingeführt wurde, brach radikal mit den bisher herrschenden Schreibtraditionen. Die hebräisch-aramäischen Elemente im Jiddischen wurden nicht mehr traditionell geschrieben, sondern so, wie man sie nach der literatursprachlichen Norm aussprach. «Überflüssige» Schreibweisen und Buchstaben wurden abgeschafft und insbesondere die Schlussbuchstaben durch ihre Grundformen ersetzt.

Auch in der Haltung zu den Komponenten und Quellsprachen des Jiddischen unterschieden sich die sowjetisch-jiddischen Sprachplaner deutlich von der philologischen Sektion des YIVO. Die Ablehnung der hebräischen Sprache an sich förderte eine zunehmend kritische Bewertung der Hebräisch-Aramäischen Komponente des Jiddischen. Auch wenn diese nach einer heftigen, ideologisch geführten Kontroverse schließlich 1934 als ein legitimes Element der Standardsprache offiziell anerkannt wurde, vermieden Schriftsteller einen «auffälligen» Gebrauch jener hebräischstämmigen Ausdrücke, die eine traditionelle Bildung hätten verraten können. Verben wie *máßkim sajn* ‹zustimmen›, Begriffe wie *lewóne* ‹Mond› oder Konjunktionen wie *kedéj* ‹damit, um (zu)› gehörten dagegen zum akzeptierten Grundwortschatz, und das offizielle jiddische Parteiorgan hieß nach dem Vorbild der russischen *Prawda* seit 1918 *Der émeß* ‹Die Wahrheit› (HAK).

Deutsch hatte als Muttersprache von Marx, Engels und Liebknecht wie auch aufgrund der einflussreichen Rolle der deutschen Arbeiterbewegung vor dem Ersten Weltkrieg in der Sowjetunion einen hohen Status. Anders als der YIVO betrachtete die sowjetisch-jiddische Sprachplanung das Neuhochdeutsche daher zumeist als eine legitime Quelle für Entlehnungen und Wortneubildungen im Jiddischen.

Obwohl Russisch als Staatssprache einen bestimmenden Einfluss auf alle Minderheitensprachen ausübte, wurde ein Übermaß an Direktentlehnungen in den Anfangsjahren von den meisten sowjetisch-jiddischen Sprachplanern als Zeichen von «Großmacht-Chauvinismus», d. h. gewaltsamer Russifizierung, abgelehnt. Stattdessen wich man zunehmend auf Lehnübersetzungen aus, wie z. B. *zunójffli* ‹Zusammenkunft, Treffen› (von *zunójf* ‹zusammen› und *flíen* ‹fliegen›) nach russ. *slet*. Diese Linie der «semantisch parallelen Wortschaffung» wurde in der Praxis von den Sprachplanern auch dann noch beibehalten, als die Sowjetmacht gegenüber den Minderheiten die «führende Rolle» der russischen Kultur und Sprache wieder betonte.

In Zeitungen begegnet man dem typisch sowjetischen Politvokabular jener Zeit. Zu den direkt aus dem Russischen entlehnten Wörtern zählen z. B. *agitpróp* ‹Agitation und Propaganda›, *politmaßówke* ‹politische Massenveranstaltung› (russ. *politmassovka*) oder *ßméne* ‹(Arbeits-) Schicht› (russ. *smena*). Die für das sowjetische Russisch charakteristischen Kurzwörter wurden im sowjetischen Jiddisch nachgebildet, so etwa *kolwírt* von *kolektíwe wírtschaft* ‹Kolchose› (nach dem Vorbild von russ. *kolchoz* für *kollektivnoe chozjajstvo*). Die Propaganda erforderte jiddische Entsprechungen zu russischen Kampfbegriffen. Während der Zwangskollektivierung der Landwirtschaft (1928–1935) wurde z. B. das Schimpfwort *balegúf* ‹dicker Mann, reicher Bauer› (HAK) speziell auf die so genannten Kulaken angewandt (russ. *kulak*) und darauf aufbauend das Verb *antbalegúfenen* ‹entkulakisieren› (russ. *razkulačivat'*) geprägt.

Im tatsächlichen Sprachgebrauch machte sich der Einfluss des Russischen auf allen Ebenen bemerkbar. Konstruktionen nach russischem Muster wie z. B. *di nit farschténdleche farn ójlem fráge* anstatt *di farn ójlem nit farschténdleche fráge* ‹die für das Publikum nicht verständliche Frage› (vgl. russ. *neponjatnyj dlja sobravšichsja vopros*) drangen sogar in die Literatursprache ein. Einzelne Lehnbildungen waren überhaupt nur über das Russische zu verstehen, so z. B. der Gebrauch von *farpánzern* in der Bedeutung ‹reservieren› nach dem Vorbild von russ. *zabronirovat'*.

Der churbn – *Die Zerstörung*

In den 1930er Jahren verschlechterte sich die Lage der Juden in Europa zusehends. In Deutschland verfolgte das Naziregime eine offen aggressive judenfeindliche Politik. In den meisten osteuropäischen Staaten waren autoritäre nationalistische Regierungen an die Macht gekommen, die die Minderheitenrechte unterhöhlten oder einschränkten und mit einem gegen die Juden gerichteten Populismus an niedere Instinkte und Vorurteile breiter Schichten appellierten. So gab es Ende der dreißiger Jahre an Universitäten in Polen, Litauen, Ungarn und Rumänien Aufnahmebeschränkungen für jüdische Studenten. Die Zugelassenen saßen in den Hörsälen auf abgetrennten Bänken, in Rumänien wurden sie gewaltsam am Betreten der Gebäude gehindert. Übergriffe von Schlägerbanden und faschistischen Organisationen nahmen zu. Das kulturelle Leben im ohnehin schon von der allgemeinen Verarmung betroffenen jiddischsprachigen Milieu wurde dadurch noch mehr beeinträchtigt. Nur wenige Juden verließen Osteuropa, da die meisten Staaten ihre Grenzen für jüdische Zuwanderer geschlossen hatten.

In der Sowjetunion vollzog sich eine schleichende Abkehr von der bisherigen Minderheitenpolitik. Jiddische Bücher und Zeitschriften wurden weiterhin subventioniert, und einige Schriftsteller wie der Dichter Peretz Markisch (1895–1952) erhielten noch hohe staatliche Ehrungen. Gleichzeitig fanden jedoch die blutigen stalinistischen «Säuberungen» ihre Opfer auch unter der sowjetisch-jiddischen Intelligenz: Max Erik z. B. starb 1937 in einem Arbeitslager. Selbständige Forschungsabteilungen wie die Institute in Kiew und Minsk wurden verkleinert, umgruppiert oder aufgelöst, die akademische Lehrerbildung für die jiddischen Schulen schließlich ganz eingestellt. Die sowjetische Regierung setzte nun verstärkt auf die Russifizierung der Minderheiten und eine sowjetrussische Leitkultur. Als die Sowjetunion 1939–1940 im Anschluss an den Hitler-Stalin-Pakt die baltischen Länder, die Ostgebiete Polens und das bis dahin rumänische Bessarabien eroberte, führte sie die dort bestehenden jiddischen Schulen und Kultureinrichtungen zunächst unter sowjetischen Vorzeichen weiter, nicht ohne dabei missliebige Kulturaktivisten gewaltsam zu beseitigen.

Nach Hitlers Überfall auf Polen 1939 und dem Einmarsch in die Sowjetunion 1941 war die Mehrheit der Jiddischsprecher der nationalsozialistischen Vernichtungspolitik ausgeliefert. Die 5,2 Millionen Juden in Polen, den baltischen Ländern, der Sowjetunion, Ungarn, Rumänien und der Tschechoslowakei, die von den Deutschen und ihren Verbündeten umgebracht wurden, sprachen zum großen Teil Jiddisch; unter den ermordeten Juden aus den anderen Ländern war dies eine Minderheit. Die Katastrophe des millionenfachen Judenmords wird auf Jiddisch *der churbn* (‹Zerstörung, Vernichtung›, HAK) oder *der úmkum* (‹das Sterben›, DtK) genannt.

Als erster Schritt zur Vernichtung wurden Juden in den besetzten Gebieten Osteuropas in Ghettos gesperrt. Die Selbstverwaltungen der Ghettos, die so genannten «Judenräte», die den Nazis als ausführende Organe dienen mussten, verwendeten für Dokumente und Bekanntmachungen neben anderen Sprachen schon aus praktischen Gründen oft Jiddisch. Solange es noch ein kulturelles Leben gab, entstanden jiddische Zeitungen und Broschüren, schrieben Intellektuelle Tagebücher und Essays auf verfügbares Papier, wurden politische Lieder gesungen, Theaterabende veranstaltet und, meist im Geheimen, Schulunterricht gegeben – dies alles überwiegend auf Jiddisch. Widerstandskämpfer dokumentierten das Leben in den Ghettos und die Verbrechen der Nazis und ihrer Handlanger in Untergrundarchiven, für die sie Quellen sammelten, Berichte schrieben und die Materialien anschließend versteckten. Das bekannteste dieser Archive wurde im Warschauer Ghetto von einer Gruppe unter Leitung des Historikers Emanuel Ringelblum (1900–1944) gegründet, die ihre Zusammenkünfte als Schabbatfeier, jidd. *Ójneg schábeß* (wörtl. ‹Schabbatfreude›, HAK), tarnte. In den Wäldern bildeten sich jüdische Partisaneneinheiten, in denen Jiddisch die Hauptsprache war und jiddische Kampflieder gesungen wurden.

In den Ghettos und Lagern war es überlebenswichtig, Informationen austauschen zu können, ohne dabei von deutschen Bewachern oder Spitzeln verstanden zu werden. Daher schuf man sich eigene Bezeichnungen, griff beim Sprechen verstärkt auf Wörter aus der Hebräisch-Aramäischen Komponente zurück oder deutete Wörter um. Besonders vermied man die für feindliche Ohren leicht verständliche Bezeichnung *dajtschn* ‹Deutsche› und wich stattdessen auf Ausdrücke wie *dáledn* ‹Ds› (HAK), *amoléjkim* ‹Amalekiter, Judenhasser› (HAK), *aschkenásim* ‹Deutsche› (eigentlich Aschkenasim, HAK), *jékeß* ‹Jeckes› (ursprünglich ein Spottname für deutsche Juden) oder – in Anspielung auf das Auftreten und Brüllen uniformierter Deutscher – *índikeß* ‹Truthähne› (SlK) aus.

Außerhalb des von Nazi-Deutschland kontrollierten Machtbereichs spielten jiddische Zeitungen für die jüdische Welt eine wichtige Rolle, vor allem in den USA. Ausführlicher und meist früher als andere Medien informierten sie über die Judenverfolgung in Europa und forderten bereits Ende 1942 von den Regierungen der Alliierten, die Vernichtung durch gezielte Kriegsoperationen aufzuhalten.

In der Sowjetunion wurde 1942 ein «Jüdisches Antifaschistisches Komitee» gegründet, dem hohe Funktionäre des sowjetisch-jiddischen Kulturlebens wie Schlojme Michoelß und der Dichter Ízik Féfer (1900–1952), aber auch prominente russische Intellektuelle mit jüdischem Hintergrund wie der Schriftsteller Ilja Ehrenburg angehörten. Nach dem Willen der Parteiführung war das Komitee ein reines Propagandainstrument, das die Sowjetunion vor allem gegenüber der jüdischen Gemeinschaft im westlichen Ausland als Retter und Beschützer der osteuropäischen Juden darstellte. Diesem Zweck diente auch das offizielle Organ, die Zeitschrift *Éjnikajt* (‹Einheit›), die in jiddischer Sprache erschien und auch literarische Werke wie Fefers Lied *Ich bin a jid* (‹Ich bin ein Jude›, 1943) abdruckte. Als Abgesandte des Komitees unternahmen Michoelß und Fefer 1943 eine siebenmonatige Reise in die USA, Kanada, Mexiko und England, um in diesen Ländern um materielle und ideelle Unterstützung für die sowjetische Kriegspolitik zu werben.

Die wenigen Juden, die noch rechtzeitig dem Krieg und der Verfolgung in Europa entkommen konnten, fanden sich manchmal in entlegenen Teilen der Welt wieder, so z. B. in Schanghai. Seit der Zeit der «Ungleichen Verträge» Mitte des 19. Jahrhunderts gehörte das Hafengebiet von Schanghai zu einer französischen und einer «internationalen» (vorwiegend britisch-amerikanischen) Enklave; beide wurden von den ausländischen Mächten nach Kolonial- bzw. Konsularrecht verwaltet. Die andauernden Wirren des chinesisch-japanischen Krieges führten dazu, dass es nach der Eroberung der Stadt durch die Japaner im Jahre 1937 für einige Zeit überhaupt keine Pass- und Einreisekontrollen mehr gab, während die Enklaven vorerst noch weiter bestanden. Für rund 20 000 Juden aus Mittel- und Osteuropa, unter ihnen viele Jiddischsprecher, wurde Schanghai auf diese Weise zur letzten, unfreiwilligen Zuflucht. Die jüdische Exilgemeinde war sprachlich, religiös und politisch bunt gemischt. Nachdem den Lehrern und Schülern der orthodoxen Jeschiwa von Mir (Belarus) 1941 noch kurz vor dem Einmarsch der Hitler-Wehrmacht in Litauen die Flucht – über Sibirien und Japan – nach Schanghai gelungen war, gab es dort bis Kriegsende eine Talmudschule, an der auf Jiddisch gelehrt wurde. Ein jiddisches Theaterensemble aus Berufs- und Laienschauspielern führte mit einfachsten Mitteln beliebte Stücke wie Gordins *Mírele Éfreß* und selbstverfasste Kleinkunstnummern auf. Meist kurzlebige jüdische Zeitungen erschienen mit jiddischen Beilagen, manchmal ganz auf Jiddisch.

Die nationalsozialistische Judenverfolgung zerstörte innerhalb weniger Jahre das jüdische Leben in Europa. Im historischen Sprachgebiet des Jiddischen blieben nach dem Krieg nur wenige, verstreut lebende Sprecher übrig – zu wenige, um ein jiddischsprachiges Milieu aufrechterhalten zu können. Zwar hatte es vor 1939 eine starke Tendenz zur Assimilation gegeben, aber zugleich hatte der Jiddischismus auch außerhalb gebildeter Kreise erste Erfolge verzeichnen können. Letzten Endes ist es unmöglich zu sagen, wie die Geschichte des Jiddischen in Europa ohne den Völkermord an den Juden verlaufen wäre.

9. *Loschn un lebn* – Jüngste Entwicklungen

Für diejenigen Juden, die Krieg, Verfolgungen und Todeslager überlebt hatten, blieb die Situation auch nach der Befreiung katastrophal. In ihre ehemaligen Wohnorte konnten und wollten die meisten nicht zurück: Verwandte und Freunde waren tot, früherer Besitz war zerstört, verloren oder in fremder Hand, und zuweilen schlug ihnen unverhüllte, auch gewalttätige Feindschaft entgegen, in einigen Fällen kam es sogar zu Pogromen. Auf der Suche nach einer Möglichkeit zur Auswanderung flohen Juden in großer Zahl aus Osteuropa in die Besatzungszonen der Westalliierten in Deutschland und Österreich, wo sie zusammen mit befreiten KZ-Häftlingen und Zwangsarbeitern, wie die Heimatlosen, Verschleppten und Flüchtlinge aus anderen ethnischen Gruppen, in Auffanglagern untergebracht wurden. In der offiziellen Sprachregelung der Alliierten wurden all diese Flüchtlinge und Überlebenden als «displaced persons» (Verschleppte, Heimatlose), kurz: DPs, bezeichnet.

Die jüdischen *displaced persons* nannten sich selbst auf Jiddisch *schèjreß-hapléjte* ‹die wenigen Überlebenden› (HAK), in weniger formellen Zusammenhängen auch *di-pí-nikeß* ‹DPler›. Die meisten von ihnen verließen Deutschland und Österreich, sobald sich die Gelegenheit dazu bot; jedoch riss der Flüchtlingsstrom aus Osteuropa bis 1948 nicht ab. 1947 lebten ca. 250000 jüdische DPs in den westlichen Besatzungszonen. Einige DP-Lager wurden zu kurzlebigen ostjiddischen Sprachinseln in Mitteleuropa.

In den DP-Lagern: Redt jidisch!

Die amerikanische Militärverwaltung richtete 1946 in ihrer Zone besondere Auffanglager für jüdische *displaced persons* ein, denen sie eine gewisse Selbstverwaltung zugestand. Bereits 1945 hatten die jüdischen Flüchtlinge und Überlebenden begonnen, sich überregional zu organisieren. Ein 1946 gegründetes «Zentralkomitee der befreiten Juden in der amerikanischen Zone» wurde als offizielle Vertretung der jüdischen DPs anerkannt.

Die Selbstverwaltung wurde bei ihrer Arbeit von jüdischen Hilfsorganisationen wie dem «American Jewish Joint Distribution Committee», kurz «Joint», unterstützt, aber auch von der «Jewish Agency for Palestine», die die jüdische Bevölkerung in Palästina vertrat. Das Zentralkomitee sah die Zukunft der DPs zuallererst in Palästina bzw. Israel und richtete seine Arbeit auf dieses Ziel aus, obwohl ein großer Teil der Überlebenden lieber nach Amerika auswandern wollte. Die verschiedenen Komitees in den einzelnen Lagern gebrauchten für ihre offizielle Arbeit vor allem Jiddisch und Hebräisch und forderten dies auch von den Mitgliedern der Flüchtlingsgemeinschaft, die sie vertraten. Die Welt der DP-Lager war vielsprachig, aber an den Wänden hingen nicht selten Plakate mit Parolen wie *«Redt jídisch!»* («Sprecht Jiddisch!») oder Aufforderungen, kein Polnisch, Ungarisch, Litauisch oder Rumänisch, sondern nur Hebräisch und Jiddisch zu sprechen.

Obwohl das politische Programm des Zentralkomitees die Handschrift der Zionisten trug, konnte in der Sprachenfrage keine einheitliche Linie durchgesetzt werden. Dies zeigt sich besonders an den offiziellen Beschlüssen und den in den Lagern behelfsmäßig eingerichteten Schulen. Richtlinien von 1947 sahen vor, dass Jiddisch die Unterrichtssprache in den unteren Klassen sein und in den höheren Klassen durch Hebräisch abgelöst werden sollte. In der Realität unterrichteten die meisten Lehrkräfte auf Jiddisch oder Polnisch, weil sie nicht ausreichend Hebräisch beherrschten. Nur in den von der «Jewish Agency» unterhaltenen Schulen, die auf die Emigration nach Palästina vorbereiteten, wurden alle Fächer auf Hebräisch gelehrt.

Im Herbst 1945 erschienen die ersten jiddischen Zeitungen in der amerikanischen Zone. Neben Lagerzeitungen entstanden auch überregionale Presseorgane. Weil anfangs keine hebräischen Schriftsätze verfügbar waren, musste man sich in den ersten Ausgaben mit lateinischen Buchstaben behelfen. Dabei folgte man mehr oder weniger der Aussprache, die der überregionalen Schriftsprache zugrunde liegt, und lehnte sich an das System der polnischen Rechtschreibung an. So schrieb man z. B. *cajtung* für *zájtung* ‹Zeitung› und *sztyme* für *schtíme* ‹Stimme›. Ab 1947 erschien fast die gesamte jiddische Presse der DP-Lager in hebräischer Schrift. Die einzige überregionale Zeitung, die sich aus Kostengründen dieser Linie nicht anschloss, wurde nun bevorzugt von denjenigen gelesen, die zwar Jiddisch sprachen oder verstanden, aber nie das hebräische Alphabet gelernt hatten, und konnte ihre Auflage verdoppeln.

Zusätzlich zu den Zeitungen erschienen Broschüren, Zeitschriften und Bücher, darunter Dokumentationen des jüdischen Lebens in Osteuropa vor dem Krieg und der Verfolgung, religiöse Literatur, Belletristik, praktische Anleitungen wie *Lern sich schwímen* (‹Lerne schwimmen›, München 1947) und auch die Rechtschreibregeln des YIVO. In Presse und Kulturarbeit betätigten sich nicht nur Schriftsteller und Redakteure der Vorkriegszeit, sondern auch Jugendliche und junge Erwachsene. Der in Warschau geborene Chóne Schméruk (Shmeruk, 1921–1997), der von 1946 bis 1949 im DP-Lager Stuttgart als Lehrer arbeitete, stellte Neuausgaben einzelner Werke von I. L. Peretz und Scholem Alejchem zusammen, die stark nachgefragt wurden. Die Auflagen von 2000–4000 Stück waren schnell vergriffen. Der aus Wilna stammende Binjómin Hruschówski (Hrushovski, später Benjamin Harshav, 1928–2015), der in der sozialistisch-zionistischen Jugendbewegung aktiv war und für DP-Zeitschriften wie *Af der wach* (‹Auf dem Posten›) schrieb, veröffentlichte unter dem Pseudonym H. Binjomin seinen ersten Gedichtband, *Schtojbn* (‹Staub›), 1948 in München. Berufsschauspieler und Laien gründeten jiddische Theater- und Kleinkunstensembles, die sogar in anderen DP-Lagern Gastspiele gaben. Aufgeführt wurden nicht nur die bekannten Werke der Vorkriegszeit wie z. B. Anskis *Der díbek* (‹Der Dybbuk›, s. Kap. 8, S. 136), sondern auch neue

Stücke wie *Ich leb* (‹Ich lebe›), die die Erfahrungen der jüngsten Vergangenheit verarbeiteten.

Die Gründung des Staates Israel im Jahre 1948 und besondere Aufnahmeregelungen, die der US-Kongress und Parlamente anderer Länder verabschiedet hatten, beschleunigten die Auswanderung der *schèjreß-hapléjte*, sodass sich die Lager innerhalb weniger Jahre auflösten. Einige jüdische DPs blieben dauerhaft in der Bundesrepublik.

Hinter dem Eisernen Vorhang

In der Sowjetunion erschien nach Kriegsende noch eine geringe Zahl Bücher und Zeitschriften auf Jiddisch, jedoch wurden einmal kriegsbedingt geschlossene oder zerstörte Einrichtungen nicht wieder aufgebaut. Lediglich in Birobidshan, das nach dem Willen der Partei die überlebenden, durch den Krieg entwurzelten sowjetischen Juden aufnehmen sollte, wurde Jiddisch 1945 für kurze Zeit an einigen Schulen wieder als Unterrichtssprache eingeführt. Angesichts der weit vorangeschrittenen Assimilation der jüdischen Bevölkerung hielt die sowjetische Regierung eine staatlich finanzierte jiddische Kultur allerdings in zunehmendem Maße für entbehrlich. Jiddische Spracharbeit fand nicht mehr statt, und offizielle Kulturfunktionäre unternahmen auch keinen Versuch, die Regelwerke der sowjetisch-jiddischen Sprachplanung und ihre Rechtschreibung in den Satellitenstaaten einführen zu lassen.

Im Zeichen des Ost-West-Konflikts, der schon kurz nach Kriegsende begann, wurden Juden wie andere Minderheiten, deren Angehörige in großer Zahl im westlichen Ausland lebten oder einen Nationalstaat außerhalb des Ostblocks hatten, zunehmend als «unzuverlässig» und als potentielle Verräter eingestuft. Bereits während des Krieges hatte die Arbeit des Jüdischen Antifaschistischen Komitees in den Augen der sowjetischen Führung ein unerwünschtes Eigenleben gewonnen und wurde daher mit wachsender Ablehnung betrachtet. Stalin, dessen Verfolgungswahn sich im Alter noch steigerte, ließ den Vorsitzenden Schlojme Michoelß im Januar 1948 ermorden – offiziell war es ein Autounfall – und das Jüdische Staatstheater schließen. Innerhalb der folgenden zwei Jahre wurden alle noch verbliebenen jiddischen Kulturinstitutionen, angefangen mit dem Jüdischen Antifaschistischen Komitee im November 1948, geschlossen und aufgelöst. Gleichzeitig verschwanden viele jüdische Schriftsteller, Intellektuelle, Wissenschaftler und Funktionäre in Gefängnissen und Straflagern. Izik Fefer, Dovid Bergelson und andere prominente Mitglieder des Jüdischen Antifaschistischen Komitees wurden in einem Geheimprozess, vorgeblich wegen «Nationalismus» und «Landesverrat», verurteilt und 1952 hingerichtet. Einzig die Regionalzeitung *Birobidsháner schtern* (‹Birobidshaner Stern›) blieb bestehen.

1956, drei Jahre nach Stalins Tod, begann unter Nikita Chruschtschow die so genannte «Tauwetter-Periode», in der die vollständige Unterdrückung in Schritten teilweise zurückgenommen wurde. Nach mehr als zehnjähriger Unterbrechung erschien 1959 erstmals wieder ein jiddisches Buch, ein Band mit Erzählungen von Scholem Alejchem. Unter dem Dach des Sowjetischen Schriftstellerverbandes wurde ab 1961 eine neue literarische Zeitschrift, *Ssowétisch héjmland* (‹Sowjet-Heimat›), herausgegeben, die jiddischen Autoren in der Sowjetunion eine Publikationsmöglichkeit bot und im Ausland als kulturelles Aushängeschild und Mittel der Propaganda diente. In der Rechtschreibung gebrauchte man wieder die Schlussbuchstaben, nicht aber die traditionelle Schreibweise der hebräisch-aramäischen Elemente. Schon von 1969 an druckten die Herausgeber neben den jiddischen Beiträgen in loser Folge auch Materialien zum Erlernen der jiddischen Sprache im Selbststudium ab, die auf Sprecher des Russischen zugeschnitten waren, bis hin zu einem umfangreichen Anfängersprachkurs in den 1980er Jahren. Ab 1977 enthielten die Hefte zusätzlich ausführliche Zusammenfassungen auf Russisch und Englisch. 1990 wurde *Ssowetisch hejmland* offiziell zweisprachig, was die Einstellung der Zeitschrift 1991 nicht verhinderte. Ihr Nachfolger, *Di jídische gaß* (‹Das jüdische Viertel›), ging 1996 nach nur drei Jahren mangels finanzieller Unterstützung ein.

Die einzige bedeutende jiddische Sprachinsel in Osteuropa, die bis zum Ende des Kalten Krieges Bestand hatte, lag in Kischinew (Chişinău), der Hauptstadt der Moldauischen Sowjetrepublik, wo sich nach dem Zweiten Weltkrieg viele Überlebende niedergelassen hatten. Diese bewahrten das Jiddische in erster Linie als gesprochene Sprache.

Auch in den Ostblockländern außerhalb der Sowjetunion nahm die Zahl der Jiddischsprecher beständig ab. Die meisten Überlebenden gaben das Jiddische bewusst nicht mehr an ihre Kinder weiter. Einige suchten ihre Identität in der Nationalkultur der Satellitenstaaten, einige waren ihrer Herkunft entfremdet und maßen der Muttersprache keinen besonderen Wert bei, anderen war das jiddischsprachige Milieu verloren gegangen. Manche wollten einfach nicht auffallen in einer Gesellschaft, in der judenfeindliche Einstellungen unterschwellig fortlebten. Auf die Fluchtbewegungen und Abwanderungen der unmittelbaren Nachkriegszeit folgten mehrere Ausreisewellen. Zwar wurde Jiddisch in Polen und Rumänien als Minderheitensprache anerkannt und eine weltliche jiddische Kultur unter sozialistischen Vorzeichen geduldet, dies hielt den Rückgang der Sprache in den beiden Ländern jedoch nicht auf.

Von den über 3 Millionen Juden, die 1939 innerhalb der Vorkriegsgrenzen Polens wohnten, hatten rund 350 000 überlebt. Aber nach massenhaften Abwanderungen aus dem zerstörten Land waren bereits 1947 nur noch wenig mehr als 90 000 Juden in Polen ansässig. Die aus verschiedenen Parteien zusammengesetzte, aber kommunistisch beherrschte «Provisorische Regierung» erkannte das Jiddische als Minderheitensprache an und gewährte den Juden eine begrenzte kulturelle, gesellschaftliche und sogar religiöse Autonomie. Mit finanzieller Unterstützung der amerikanischen Hilfsorganisation «Joint» bestand für wenige Jahre ein Netz aus jüdischen, mehrheitlich jiddischsprachigen, Schulen, jiddischen Verlagen, Vereinen, Zeitungen, Theatern. Mehrmals wöchentlich wurden Radiosendungen auf Jiddisch ausgestrahlt.

Nach Errichtung der kommunistischen Diktatur wurden alle jüdischen Einrichtungen 1950 entweder zwangsweise aufgelöst oder vom Staat übernommen und unter dem Dach eines regimetreuen «Sozial- und Kulturverbands der Juden in Polen» politisch weitgehend gleichgeschaltet. Auch wenn die jiddische Presse während des «Tauwetters» der Ära Chruschtschow 1956 über die Zerstörung der jiddischen Kultur in der Sowjetunion unter Stalin berichten konnte, verschlechterte sich die Lage in Polen zunehmend. Die polnische Regierung führte wiederholt «antizionistische», antisemitische Kampagnen, in denen die Mehrheit der Juden zur Auswanderung genötigt wurde. Nach der letzten Kampagne von 1968 blieben weniger als 10 000 Juden im Land zurück. In diesem Jahr wurde die letzte jiddische Schule in Polen geschlossen. Von den anderen jiddischen Einrichtungen bestand nur das 1950 gegründete Jüdische Staatstheater weiter, dem allerdings das muttersprachliche Publikum dahinschwand. Die letzte jiddische Zeitung, *Fólkß-schtime* (‹Volksstimme›), wurde 1969 zu einem zweisprachigen Wochenblatt, das bis 1991 erschien. Das 1947 gegründete Jüdische Historische Institut in Warschau publizierte seine Schriften von 1969 an nur noch auf Polnisch.

In Rumänien, wo über 450 000 Juden die Verfolgungen überlebt hatten und es nach dem Krieg die größte Zahl von Jiddischsprechern in Osteuropa gab, fanden ähnliche Entwicklungen wie in Polen statt. Die kommunistische Regierung unterhielt ein Jüdisches Staatstheater und bis 1960 eine kleine Anzahl jiddischer Schulen und Verlage. Nach mehreren «antizionistischen» Kampagnen blieben 1965 noch 100 000 Juden im Land, 1989 waren bis auf 19 000 alle ausgewandert.

Im «Freien Westen»

Durch den Zustrom von Überlebenden und Flüchtlingen stieg nach Kriegsende die Zahl der Jiddischsprecher in den alten Einwanderungszentren wie New York, Buenos Aires, Johannesburg und Tel Aviv wieder an, nachdem sie dort wegen der fortschreitenden Assimilation an die Landessprachen zuvor über die Jahre hinweg abgenommen hatte. Allein in New York und Umgebung sprachen in den 1950er Jahren 1,75 Millionen Menschen Jiddisch.

Neben weltlichen, liberalen und modern-orthodox eingestellten Jiddischsprechern waren erstmals auch in größerer Zahl Chassidim und traditionalistisch-orthodoxe aschkenasische Juden zusammen mit ihren geistlichen Führern aus Osteuropa nach Amerika und Israel gekommen. Die Anhänger dieser beiden streng religiösen, ursprünglich sehr gegensätzlichen Richtungen, die ihrerseits in viele Gruppen aufgespalten sind, werden zusammenfassend als *Charedím* (mod.-hebr. ‹Fromme, Orthodoxe, Gottesfürchtige›, jidd. *charéjdim*) und von Außenstehenden auch als «Ultra-Orthodoxe» bezeichnet. In den neuen Heimatländern, in denen die verschiedenen Bewegungen nun ihren Sitz hatten, bauten die charedischen Einwanderer eigene Netzwerke und religiöse Einrichtungen auf. Gleichzeitig schotteten sie sich nach außen ab, vor allem gegen die weltlichen, liberalen und modern-orthodoxen Juden, in geringem Maße auch untereinander. Die übrigen Aschkenasim waren dagegen stärker bestrebt, sich in die Gesellschaft ihrer neuen Heimat zu integrieren und gingen daher innerhalb weniger Generationen in ihrer überwiegenden Mehrheit zur Landessprache über.

Den (meist weltlich orientierten) jiddischen Schriftstellern, Intellektuellen und Kulturaktivisten in Amerika und Israel wurde bei Kriegsende schmerzhaft bewusst, dass die jüdische Welt Osteuropas unwiederbringlich zerstört war und der jiddischen Sprache und Kultur ohne diese Lebensader der Untergang drohte. Dennoch setzten sie ihre Aktivitäten fort. Solange es noch genug Leser gab, füllten sie die Feuilletons der jiddischen Zeitungen mit neuen Erzählungen, Fortsetzungsromanen, Lyrik, Literaturkritiken und Essays oder verfassten Grammatiken und Lehrbücher für noch bestehende jiddische Schulen. Verstärkt erschienen allerdings nun persönliche Erinnerungen und Berichte über das Leben im Osteuropa der Vorkriegszeit, Studien zu geschichtlichen Themen und Brauchtum und nicht zuletzt Sammlungen mit literarischen Werken oder politisch-programmatischen Schriften, die man als kulturelles Erbe der zurückliegenden Epoche ansah.

Komitees von Überlebenden und Landsmannschaften gaben auf Jiddisch oder Hebräisch – manchmal auch zweisprachig – besondere Gedenkbücher heraus, die *jísker-bicher*, in denen ehemalige Einwohner das frühere jüdische Leben und die Vernichtung in den einzelnen osteuropäischen Gemeinden dokumentierten und beschrieben. Die Bezeichnung stammt von dem feierlichen Totengedenken, das viermal im Jahr im Gottesdienst begangen wird und nach dem Anfang des Gebets für die Verstorbenen in der Familie auf Jiddisch kurz *jísker* («Er [Gott] möge gedenken», HAK) heißt.

Die verschiedenen jiddischistischen Schul- und Kulturorganisationen und die amerikanisch-jiddischen Gewerkschaften versuchten ihre Tätigkeit trotz stagnierender und langsam sinkender Mitgliederzahlen aufrechtzuerhalten und begannen daher verstärkt, über frühere politische Gräben und über Ländergrenzen hinweg zusammenzuarbeiten. 1948 gründeten sie in New York den «Internationalen Jiddischen (bzw. Jüdischen) Kulturkongress» (jidd. *Ál-weltlecher jídischer kultúr-kongrèß*), um die Herausgabe jiddischer Literatur und wissenschaftlicher Schriften und Nachschlagewerke in jiddischer Sprache zu unterstützen und nicht zuletzt den Jiddischunterricht für jüdische Schüler zu fördern. Solche Maßnahmen hielten jedoch den Rückgang der Anmeldungen an den weltlichen jiddischen Schulen nicht auf. Ende der 1970er Jahre hatten die meisten jüdischen Schulen in Nord- und Südamerika ihren Unterricht vollständig auf die Landessprache umgestellt oder das Jiddische als Lehrgegenstand durch das moderne Hebräisch ersetzt. In Mexiko und Kanada konnte sich Jiddisch als Unterrichtsfach an einzelnen weltlichen jüdischen Schulen bis in die Gegenwart halten.

Die weltlichen jiddischen Kulturorganisationen passten sich ebenfalls dem Sprachwechsel an, sofern sie ihre Tätigkeit nicht mangels Nachwuchs völlig einstellen mussten. Sogar der YIVO blieb nicht von dieser Entwicklung verschont. 1940 hatte sich Max Weinreich, der erste Direktor, in die USA retten können, wo er die New Yorker Zweigstelle unter seiner Leitung zum neuen Hauptsitz machte. Im Amerika der Nachkriegszeit sahen sich die Forscher, Lehrer und Aktivisten des Instituts mit einer stark vorangeschrittenen Assimilation an das Englische konfrontiert. Der YIVO verlagerte den Schwerpunkt seiner Tätigkeit stärker auf die akademische Forschung im engeren Sinne und von der Sprachpflege weg zur Unterstützung des Spracherhalts und des Spracherwerbs. Obwohl die Arbeitssprache des Instituts noch lange Zeit das Jiddische blieb und seine jiddischsprachigen Zeitschriften bis in die 1980er Jahre fortgeführt wurden, veröffentlichte es immer mehr Arbeiten und Schriften auf Englisch.

In Israel

In dem 1948 neu gegründeten Staat Israel, der mehr jiddischsprachige Überlebende aufgenommen hatte als die USA, waren die Bedingungen für den Fortbestand des Jiddischen keineswegs günstiger als in Amerika. Viele jiddische Schriftsteller, Künstler und Intellektuelle in Israel und Amerika hofften, dass der jüdische Staat der jiddischen Kultur neben der hebräischen eine Heimat bieten würde. Der «Jiddische Kulturkongress» in New York forderte daher 1951 in einem Memorandum an die israelische Regierung die Anerkennung der jiddischen Sprache durch eine Unterstützung der jiddischen Presse und des jiddischen Theaters und ihre Einbeziehung in die Lehrpläne an öffentlichen Schulen. Die israelischen Politiker sahen allerdings keinen Anlass, ihre Haltung in der Sprachenfrage zu überdenken. Israels Premierminister David Ben-Gurion wies die Forderung in einem auf Jiddisch geschriebenen Brief entschieden zurück. Für Ben-Gurion hatte die Sprache lediglich einen Wert für die Erforschung der jüdischen Kultur der Vergangenheit; in der israelischen Gesellschaft der Zukunft gab es für Jiddisch in seinen Augen dagegen keinen Platz.

Immerhin erschien den zionistischen Eliten die Stellung des Hebräischen inzwischen so weit gefestigt, dass 1951 an der Hebräischen Universität Jerusalem ein Lehrstuhl für Jiddische Sprache und Literatur eingerichtet werden konnte. Schon ab 1949 konnte der zwei Jahre zuvor eingewanderte modernistische Dichter Avrom Sutzkever (Awróm Ssúzkewer, 1913–2010) mit finanzieller Unterstützung der israelischen Gewerkschaft «Histadrut» eine literarische Zeitschrift in jiddischer Sprache, *Di góldene kejt* (‹Die goldene Kette›, ein Bild für die ungebrochene jüdische Tradition), herausgeben, die bis 1995 erschien. Sutzkever, der in seiner Jugend in jiddischistischen Kulturorganisationen aktiv gewesen war und im Zweiten Weltkrieg als Partisan gekämpft hatte, war auch die zentrale Gestalt von *Jung Jißróel* «Junges Israel», einer neu gegründeten, lose zusammenhängenden Gruppe von jiddischen zionistischen Schriftstellern und Dichtern, die vorwiegend aus Osteuropa stammten und in ihrer Jugend weltliche jiddische Schulen besucht hatten. Zur Gruppe gehörte auch der 1948 aus einem DP-Lager bei München eingewanderte Benjamin Harshav (s.o, S. 157), der sich im Laufe seiner Karriere als Literaturwissenschaftler wiederholt mit der jiddischen Lyrik der Moderne beschäftigte. Epochenübergreifende literaturgeschichtliche Forschungen wurden am Jerusalemer Lehrstuhl unter dem 1961 als Professor berufenen Chone Shmeruk betrieben, der wie Harshav zu den *displaced persons* gehört hatte. Jiddische literarische Zirkel und ihre Zeitschriften sowie eine rein akademische Beschäftigung mit jiddischer Sprache und Literatur wurden von der israelischen Politik als unproblematisch angesehen, weil dies nur wenige Gebildete und Intellektuelle betraf.

In den ersten Jahrzehnten nach der Staatsgründung gab es unter den Neueinwanderern eine große Nachfrage nach Unterhaltungs- und Informationsangeboten in jiddischer Sprache. Anfangs sah die israelische Regierung in einer jiddischsprachigen Massenkultur mit Tagespresse, Theater und Film noch eine Gefahr für das Hebräische und versuchte, deren Verbreitung durch Gesetze und über behördliche Auflagen einzuschränken. Innerhalb weniger Jahre ging sie jedoch dazu über, die jiddische Kultur im Land zu dulden, ohne sie zu fördern. Das Komikerduo Dzigan und Schumacher (Schímen Dshígan, 1905–1980, und Jißróel Schúmacher, 1908–1961), das in Polen vor dem Zweiten Weltkrieg mit Kabarettnummern und Filmen auch bei den Intellektuellen große Erfolge gefeiert hatte, spielte in Israel vor vollen Sälen; Schallplatten mit Sketchen der beiden wurden in der ganzen jiddischsprachigen Welt gehört. Nach mehrjährigem Streit mit den Behörden konnte der Journalist Mórdche Zánin (1906-2009) im Jahr 1957 aus seinen *Lézte nájeß* (‹Neueste Nachrichten›), die bis dahin täglich unter wechselnden Namen erschienen waren, nun auch offiziell eine Tageszeitung machen. Seit dieser Zeit wurde die jiddische Tagespresse in Israel nicht länger diskriminierenden formalrechtlichen Beschränkungen unterworfen. Aber erst seit 1988 gibt es Jiddisch an einigen staatlichen Gymnasien als Wahlfach.

In den 1970er Jahren war nicht mehr zu übersehen, dass die Zahl der Jiddischsprecher überall auf der Welt stark zurückging. Immer mehr weltliche jiddische Tageszeitungen wurden eingestellt oder als Wochenblatt weitergeführt. Sogar der New Yorker *Fórwertß* erschien ab 1983 nur noch wöchentlich, ab 2013 alle zwei Wochen, ab 2016 schließlich nur noch monatlich.

Trotz der dahinschwindenden Leserschaft entstanden noch in der Nachkriegszeit bedeutende literarische Werke auf Jiddisch. 1951 erschien die Erzählung *Majn krig mit Hersch Raßéjner* (‹Mein Streit mit Hersch Rassejner›) von Chájim Gráde (1910–1982), in der zwei ehemalige Jugendfreunde und Überlebende der Verfolgung durch die Nazis – der eine ein tief religiöser Traditionalist, der andere ein weltlicher Intellektueller – sich bei einem unerwarteten Wiedersehen darüber streiten, woran der Mensch überhaupt noch glauben kann. Dem 1935 in die USA ausgewanderten Schriftsteller Isaac Bashevis Singer (Jízchok Baschéwiß Síngerer, 1902–1991), der durch Übersetzungen auch außerhalb der jiddischsprachigen Welt bekannt geworden war, wurde 1978 der Nobelpreis für Literatur verliehen.

Bei den Charedim: Festhalten an der Tradition

Eine andere Entwicklung nahmen die Sprachverhältnisse bei den chassidischen und traditionalistisch-orthodoxen Juden nach Ende des Zweiten Weltkriegs. Im Milieu der Charedim blieben die Sprachen der inneren Mehrsprachigkeit zunächst noch das Jiddische und das Hebräisch-Aramäische bzw. *loschn-kojdesch*, Letzteres bezeichnenderweise in der alten Form und der traditionellen aschkenasischen Aussprache, in der es z. B. *ßéjfer* und *tojró* (‹religiöses Buch› und ‹Tora›) anstatt *ßéfer* und *torá* heißt. Das modernisierte israelische Hebräisch oder Iwrith, das in Israel Staatssprache geworden war und von der dort lebenden jüdischen Bevölkerung im Alltag gesprochen wird, sehen einige Gruppen bis heute als eine Entweihung der «Heiligen Sprache» an. Gegen das Englische, Spanische und andere Sprachen ihrer neuen Heimatländer gab es dagegen keine derartigen Vorbehalte. Schulpflicht, staatliche Auflagen für Lehrpläne und praktische Zwänge haben dazu geführt, dass die meisten Charedim mittlerweile überall, auch in Israel, die jeweilige offizielle Landessprache mehr oder weniger beherrschen.

Gerade weil die weltlichen und weniger streng religiösen Juden das Jiddische zunehmend aufgaben, erfuhr die Sprache in charedischen Kreisen eine gewisse Aufwertung als – eines von vielen – Zeichen des Festhaltens an der Tradition, ähnlich der Kleidung. Je mehr das Jiddische zur Sprache der eigenen Gruppe wurde, desto stärker konnte es untereinander als ein Ausweis der Zugehörigkeit und damit auch der Abgrenzung und Abschottung nach außen dienen. Sein Gebrauch durch chassidische Rebbes, besonders in *dróscheß* ‹Predigten› (HAK), die auf Tonband aufgezeichnet und verbreitet wurden, hat bei den Anhängern ebenfalls zum Erhalt der Sprache beigetragen.

Dennoch wurde das Jiddische in traditionalistisch-orthodoxen und chassidischen Kreisen nicht zum Selbstzweck. Eine «Sprachpflege» im herkömmlichen Sinne wird bei den Charedim nicht betrieben (s.u.). Die einzelnen Gruppen sprechen meist den Dialekt ihrer Herkunftsregion in Osteuropa. Bei den Chassidim sind dies für gewöhnlich Zentralostjiddisch – wie etwa bei den Satmarern (nach der Stadt Ssátmar, heute Satu Mare, Rumänien) – und Südostjiddisch. Ein Nordostjiddisch hat z. B. der letzte Rebbe der Lubawitscher Chassidim (nach der Stadt Lubáwitsch, heute Ljubaviči, Russland), Menachem Mendel Schneersohn (1902–1994), gesprochen. Eheschließungen zwischen Angehörigen verschiedener Gruppen und das Zusammenleben in kleinen Sprachinseln haben zu Dialektmischungen geführt, ohne dass sich dabei ein von allen gebrauchter Ausgleichsdialekt herausgebildet hat.

Heutzutage hat die Landessprache bei einem großen Teil der charedischen Gruppierungen das Jiddische ersetzt. Die Lubawitscher Chassidim, deren Bewegung auch unter dem Namen «Chabád» (Abkürzung für *chóchme-bíne-dáaß* ‹Weisheit-Einsicht-Wissen›, HAK) bekannt ist, konnten z. B. in den vergangenen Jahrzehnten unter weltlichen und assimilierten Juden zahlreiche neue Anhänger gewinnen und gebrauchen daher fast ausschließlich Englisch und Iwrith. Bei anderen wird Jiddisch neben der Landessprache gesprochen. Wieder andere, wie z. B. die Satmarer Chassidim, legen besonderen Wert auf den Gebrauch des Jiddischen untereinander.

Die Zahl der Jiddischsprecher in diesen Kreisen dürfte derzeit sogar leicht zunehmen. Die Familien der Charedim sind kinderreich, und nur wenige verlassen das Milieu, in dem sie aufgewachsen sind. Um ihre Religion und Kultur zu bewahren, wohnen die Familien bevorzugt in enger Nachbarschaft zusammen, was den Erhalt der jiddischen Sprache fördert. Stadtviertel wie Williamsburg und Borough Park im New Yorker Brooklyn oder Mea Schearim, Ge'ula und Ramot Polin in Jerusalem, in denen sich Charedim in großer Zahl niedergelassen haben, sowie die von ihnen neugegründeten amerikanischen Vorstadtsiedlungen wie Kiryas Joel und New Square sind heutzutage die größten jiddischen Sprachinseln.

In diesen Vierteln und Ortschaften unterhalten sie eigene Schulen, in denen zumindest der religiöse Unterricht auf Jiddisch stattfindet, und haben ihre eigenen regionalen und lokalen Zeitungen und Zeitschriften in jiddischer Sprache. Die jiddische Literatur, die in ihren Buchläden verkauft wird, beschränkt sich auf Kinderbücher, traditionelle religiöse Werke wie die *Zeneréne* oder Erzählungen über chassidische Rebbes, aber auch moderne, auf den religiösen Lebensstil zugeschnittene Unterhaltungsliteratur für Frauen und Mädchen. Vor allem für Kinder werden Kassetten und CDs mit Liedern und Hörspielen produziert. Besonders populär war der chassidische Liedermacher Jóntef Érlich (Yom Tov Ehrlich, 1914–1990).

Imejl *und* blizpoßt: *Jiddisch heute*

Der Sprachenwechsel im 20. Jahrhundert hat dazu geführt, dass die jiddische Sprechergemeinschaft auseinandergefallen ist: Auf der einen Seite gibt es unter den weltlichen und modern-orthodoxen aschkenasischen Juden wenige, dafür aber überzeugte Jiddischisten, die sich an der modernen Literatursprache orientieren und in ihrer überwiegenden Mehrheit die Rechtschreibung und die Regelwerke des YIVO übernommen haben. Auf der anderen Seite steht eine stabile bis wachsende Zahl jiddischsprachiger Charedim, die für ihre Muttersprache niemals irgendeine Form von Sprachpflege

Chassidische Kinderliteratur: Eine Seite aus
«Ich wejß di bróche»
(Ich kenne den Segensspruch):
A náje frucht in hant ich farmóg
di bróche «schechjónu» mit kawóne ich sog.
Ich habe eine neue Frucht in der Hand,
den Segen «Schehechianu» spreche ich mit Andacht.

betrieben haben. Wie zwei weit auseinanderliegende erratische Blöcke auf freiem Feld sind beide Gruppen von der einst vielgestaltigen jiddischen Sprachlandschaft übriggeblieben. Berührungen zwischen diesen sehr gegensätzlichen Milieus gibt es kaum.

Die meisten Sprecher des Jiddischen, gleich welcher der beiden Gruppen sie angehören, leben heute in einer Umwelt, in der Englisch oder Iwrith die vorherrschenden Sprachen sind. Der Kontakt mit slawischen Sprachen und dem Neuhochdeutschen hat so gut wie aufgehört, sodass diese für die Sprachentwicklung in der Gegenwart keine Rolle mehr spielen. Dies zeigt sich am deutlichsten an Veränderungen im aktiven Wortschatz: Der Gebrauch von Wörtern slawischer Herkunft ist bei beiden Gruppen zurückgegangen, auch wenn Ausdrücke wie *práwen* ‹feiern› (vgl. ukr. *pravyty*) oder *tschépen* ‹berühren, anfassen; anheften› (vgl. poln. *czepiać*) weiterhin Teil des Grundwortschatzes sind. Andere Bereiche der Grammatik wie z. B. der Gebrauch von verbalen Präfixen zur Bezeichnung besonderer Aktionsarten, der auf den Einfluss slawischer Sprachen zurückgeht (vgl. Kap. 1, S. 20), sind von dieser Entwicklung ebenfalls betroffen, wenn auch vermutlich weniger stark.

Diejenigen Jiddischisten, die heute noch aktiv Sprachplanung betreiben, sind zum größten Teil Anhänger eines gegen den Einfluss aller Kontaktsprachen gerichteten Sprachpurismus. Auch wenn es keinen wesentlichen Sprachkontakt mit dem Neuhochdeutschen mehr gibt, versuchen einige von ihnen unvermindert, die Sprache von echten und vermeintlichen deutschen Lehnwörtern zu reinigen. Für neue Erscheinungen prägen sie eigene jiddische Begriffe, um Entlehnungen, vor allem aus dem Englischen und Deutschen, zu verhindern. Einige ihrer Neuschaffungen wie *blízpoßt* (wörtl. ‹Blitzpost›) für ‹E-Mail› (statt *ímejl*) haben im jiddischistischen Milieu sogar allgemeine Verbreitung erfahren. Einen eher strengen Purismus vertrat der New Yorker Sprachaktivist Mordkhe Schaechter (Mórdche Schéchter, 1927–2007), der neben anderen Werken 1988 ein englisch-jiddisches Wörterbuch der Ausdrücke und Redewendungen im akademischen Universitätsbetrieb herausgab. 2005 erschien von seiner Hand eine umfangreiche Aufstellung von gesammelten und auch neu geprägten jiddischen Pflanzennamen.

Das Zentrum der jiddischen Sprachentwicklung hat sich jedoch zu den Charedim verlagert, die heute die Mehrheit aller Muttersprachler ausmachen. Weil die jiddische Sprache als solche an ihren Schulen kein Unterrichtsfach ist, versuchen sie auch nicht, einen bestimmten Sprachzustand zu erhalten oder als hochsprachlichen Standard durchzusetzen. Eine einheitliche Rechtschreibung oder verbindliche grammatische Regelwerke gibt es zum Beispiel nicht. Bei einzelnen charedischen Zeitungen sind die Redaktionen inzwischen zumindest für die eigenen Publikationen um eine Einheitlichkeit in den Schreibweisen bemüht. Veränderungen im gesprochenen Jiddisch gehen bei den Charedim mehr oder weniger ungefiltert und ungesteuert in die geschriebene Sprache ein.

Im Jiddisch der Chassidim setzen sich Sprachentwicklungen fort, deren Anfänge schon für das Europa der Zwischenkriegszeit belegt sind. Die früher im nördlichen Gebiet des Zentralostjiddischen weit verbreitete Aussprache der bestimmten Artikel *di* und *der* als *de* sowie der unbetonten Endung *-er* als *-e* im Wortauslaut hat dazu geführt, dass viele Sprecher dieser Dialekte bei femininen Wörtern keinen Unterschied zwischen Dativ und Akkusativ mehr machen. Dieses Muster setzt sich nun zunehmend auch in gedruckten Texten durch. So kann man in chassidischen Zeitungen und Büchern jüngeren Datums nicht selten Formulierungen wie *in di zajt* und *arúm di welt* anstelle *in der zajt* ‹in der Zeit› und *arúm der welt* ‹um die Welt› oder *mit a lájchte schprach* und *in asá kúrze zajt* anstelle *mit a lájchter schprach* ‹in einer leichten Sprache› und *in asá kúrzer zajt* ‹in einer so kurzen Zeit› lesen.

Auch lässt sich im Kasusgebrauch und in der Zuordnung von Wörtern zum grammatischen Geschlecht eine größere Variation beobachten, bis hin zu Formulierungen, die in keinem historischen Dialekt eine Grundlage haben, wie z. B. *der wákldiker ekonómje* (im Nominativ) anstelle *di wákldike ekonómje* ‹die instabile Ökonomie› oder *mit der fóter* anstatt *mitn fóter* ‹mit dem Vater›. Nicht selten treten solche Schwankungen sogar innerhalb ein und desselben Textes auf. Der Einfluss des Englischen, das nur den bestimmten Artikel *the* besitzt, hat diese Entwicklung vermutlich noch verstärkt. Nach Meinung heutiger Linguisten hat das gesprochene Jiddisch der Charedim sein Kasussystem mehr oder weniger verloren und wird in Zukunft vermutlich nur noch ein einheitliches *de* als bestimmten Artikel verwenden.

Weil den Charedim in Bezug auf das Jiddische eine puristische Haltung fehlt, dringen Entlehnungen aus den Kontaktsprachen, allen voran dem Englischen und dem Hebräischen, in großer Zahl in ihre Muttersprache ein. Wörter werden vor allem in Bereichen entlehnt, in denen es viele neue Erscheinungen gibt oder sich andere Ausdrücke noch nicht fest eingebürgert haben. So berichtete *Der blat* (‹Das Blatt›), eine den Satmarer Chassidim nahestehende Zeitung, in der Ausgabe von Freitag, dem 19. September 2008:

Nju Jork. – Tráfik-agèntn in Nju Jork ßíti hobn schojn feßt óngehojbn ójßzunuzn séjer náje privilégje mitn kénen ójßtejln tíketß far di woß blokírn interßékschenß íber di schtot un farúrsachn dermít «grídlak».
Ínem erschtn tog woß der nájer geséz is arájn in kraft, dem fargángenem mítwoch, hobn di tráfik-polizèj-ofizírn ójßgetejlt knápe 700 asélche tíketß woß kúmen mit a schtrof fun 115 dólar óber on pojntß af di lájßenß.

New York. – Verkehrspolizisten in New York City haben schon tatkräftig damit begonnen, von ihrem neuen Recht Gebrauch zu machen, Strafzettel an Personen zu verteilen, die überall in der Stadt Straßenkreuzungen blockieren und damit Staus verursachen.
Am ersten Tag, an dem das neue Gesetz in Kraft getreten ist, dem vergangenen Mittwoch, haben die Verkehrspolizisten knapp 700 solcher Strafzettel verteilt, die mit einem Bußgeld von 115 Dollar, aber nicht mit Strafpunkten im Führerscheinregister verbunden sind.

In diesem Nachrichtentext beschränkt sich der Einfluss des Englischen auf Ausdrücke im Bereich Verkehrswesen: *tíketß* (engl. *tickets*) ‹Strafzettel›, *interßékschenß* (*intersections*) ‹Straßenkreuzungen›, *grídlak* (*gridlock*) ‹Stau›, *pojntß* (*points*) ‹Strafpunkte› (andere ‹Punkte› heißen auf Jiddisch *punktn* oder *píntlech*), *lájßenß* (*license*) ‹Führerschein›. In *tráfik-agèntn* sind Aussprache und Pluralform dem Jiddischen angeglichen worden (vgl. *traffic agents*). *Pojntß af di lájßenß* ist eine teilübersetzte Lehnphrase (*points on the license*). Auch vollständige Lehnübersetzungen kommen im Jiddisch der Charedim vor, so z. B. *tojschn* ‹tauschen, austauschen› in der Bedeutung ‹verändern› nach dem Vorbild von engl. *to change*.

In Israel ist dagegen der Einfluss des modernen Hebräisch auf das Jiddische besonders stark. Wie bei solchen Sprachkontakten üblich, werden nicht nur neue Begriffe übernommen, sondern auch seit langer Zeit gebräuchliche Wörter und Ausdrücke verdrängt. So findet sich in der Predigt eines traditionalistisch-orthodoxen Rabbiners aus Jerusalem von 1997 z. B. der folgende Satz:

Di welt is dem éjberschtnß. [...] *Er hot unds gegébn a tochnít woß mir soln ton, wesé-hu.*

Die Welt ist Gottes. [...] Er hat uns einen Plan vorgegeben, was wir tun sollen, und Punkt.

Direkt aus dem Iwrith übernommen sind *tochnít* ‹Plan› und *wesé-hu* ‹und das ist es›; im modernen Standardjiddisch könnte man stattdessen etwa *plan* und *un schojn* sagen. Nicht immer wird, wie in diesem Beispiel, die israelische Aussprache beibehalten. Besonders Männer gebrauchen für solche modern-hebräischen Lehnwörter und Lehnphrasen des Öfteren die traditionelle Aussprache der Hebräisch-Aramäischen Komponente des Jiddischen, so z. B. in *hißdárdereß nojßéfeß* anstelle von *hitdarderút noßéfet* ‹zusätzliche Verschlechterung›.

Renaissance oder Ende?

Das Ende des Jiddischen wird seit der Zeit der jüdischen Aufklärung regelmäßig vorhergesagt, nicht selten von an seinem Verschwinden interessierter Seite. Der dramatische Rückgang der Sprache im 20. Jahrhundert ließ solche Voraussagen den meisten außen stehenden Beobachtern als Gewissheit erscheinen, während die Entwicklungen im Milieu der chassidischen und traditionalistisch-orthodoxen Juden ihrer Aufmerksamkeit entgingen. Auch wenn aktuelle statistische Daten zum Gebrauch des Jiddischen innerhalb der Familien der Charedim nur in unzureichendem Maße vorhanden sind, lässt sich dennoch sagen, dass Jiddisch in der Gegenwart zwar zu den gefährdeten, nicht aber zu den sterbenden Sprachen gehört. Nach sehr vorsichtiger Schätzung gibt es derzeit weltweit hunderttausend Muttersprachler, die die Sprache täglich aktiv gebrauchen; optimistische Annahmen gehen sogar von mehr als einer Million aus. Ein Vergleich zur Größenordnung: Das Isländische, das nicht als gefährdet gilt, hatte nach offiziellen Angaben im Jahr 2009 knapp über 320 000 Sprecher.

Weil die Chassidim und die traditionalistisch-orthodoxen aschkenasischen Juden das Jiddische nicht für den Umgang mit der Außenwelt verwenden und auch keine entsprechenden Rechte einfordern, wird die gegenwärtige Sprache von einer breiteren Öffentlichkeit so gut wie gar nicht wahrgenommen. In einer Stadt wie New York, in der es größere jiddische Sprachinseln gibt, nehmen Behörden und Dienstleistungsgesellschaften jedoch in einzelnen

Fällen und aus pragmatischen Gründen Rücksicht auf die eingeschränkte Sprachkompetenz vieler Charedim im Englischen. Seit 2004 sind die Fahrkartenautomaten an verschiedenen Haltestellen der New Yorker Metro, die in den bevorzugten Wohnvierteln der Chassidim im Stadtteil Brooklyn liegen, wahlweise mit einer jiddischen Eingabemaske ausgestattet. Das Beth Israel Medical Center in Manhattan hängt seine Informationstafeln im Wartesaal der Notaufnahme nicht nur in englischer, spanischer und russischer, sondern auch in jiddischer Sprache aus.

Die Lebendigkeit des Jiddischen im Milieu der Charedim zeigt sich nicht zuletzt in der kreativen Nutzung des Internets und anderer moderner Medientechnologien. So können mittlerweile die *schiúrim* (‹Lehrvorträge›, HAK) einiger Rabbiner als Videodatei heruntergeladen werden. Neben der auf das Studium von Tora und Talmud und die Einhaltung der Gebote ausgerichteten, althergebrachten Lebensform haben sich Ansätze einer mehr oder weniger traditionskonformen Populärkultur herausgebildet, zu der auch ein religiöser Popsänger wie Lipa Schmeltzer (geb. 1978) gehört. Als Autoren der jiddischen Ausgabe der Wikipedia betätigen sich viele Charedim, was nicht zuletzt an der Auswahl und der Behandlung der Themen deutlich wird.

Auch weltliche Sprecher des Jiddischen und Jiddisch-Enthusiasten versuchen sich über die digitalen Medien zu vernetzen. Die wenigen verbliebenen jiddischistischen Kulturorganisationen wie die von Mordkhe Schaechter 1979 gegründete *Jídisch-lìge* (League for Yiddish), die sich u. a. der Sprachplanung und Sprachentwicklung verschrieben hat, stellt einen Teil ihrer Materialien wie z. B. Listen mit eigenen Wortprägungen ins Internet. Seit 2019 wird der *Fórwertß* als jiddische Sektion des nun nicht-kommerziellen, ausschließlich im Internet erscheinenden englischen *Forward* weitergeführt.

In den vergangenen Jahrzehnten wurde in den Medien des Öfteren von einer Renaissance des Jiddischen gesprochen. Solche Berichte beziehen sich bezeichnenderweise gerade nicht auf die Welt der Charedim, sondern auf das gewachsene Interesse am Jiddischen in anderen Kreisen. Übersetzungen jiddischer Literatur, Sommerworkshops und Kulturfestivals mit jiddischen Liedern, Klesmer-Musik und Filmen bieten Nicht-Muttersprachlern viele Möglichkeiten, sich mit verschiedenen Aspekten der jiddischen Kultur bekanntzumachen.

Auch wenn das gestiegene Angebot an Jiddischkursen für den Fortbestand der Sprache selbst unerheblich sein dürfte, hat das Interesse am Jiddischen dazu geführt, dass die Bedeutung des jiddischsprachigen Erbes für die jüdische wie für die europäische und amerikanische Kultur wahrgenommen und gewürdigt wird. Insbesondere hat die akademische Forschung und Lehre an Universitäten in Nordamerika, Israel und Europa (einschließlich Russlands und der Ukraine) in den letzten dreißig Jahren einen bedeutenden Aufschwung genommen. Das 1980 von Aaron Lansky (geb. 1955) in den USA gegründete National Yiddish Book Center hat über eine Million gebrauchter jiddischer Bücher gesammelt und wieder für Interessenten verfügbar gemacht. Seit 2009 ist ein Großteil der Titel über die «Steven Spielberg Digital Yiddish Library» im Internet erhältlich. Ebenso werden von verschiedenen Institutionen zunehmend auch Sprachkurse, Vorlesungen und Workshops als Videokonferenz angeboten, was auch unter erschwerten Zeitumständen eine zahlreiche Teilnahme ermöglicht. Eine ernsthafte Beschäftigung mit dem Jiddischen und seinem kulturellen Erbe stellt einen Wert an sich dar, gleichgültig, ob die Sprache «tot» ist oder lebt.

Die Zukunft des Jiddischen ist ungewiss – ein Schicksal, das es mit vielen «kleinen» Sprachen teilt. Angesichts der wechselvollen Geschichte gerade dieser Sprache verbieten sich voreilige und allzu entschiedene Prognosen. Ob am Ende des 21. Jahrhunderts noch Jiddisch gesprochen wird und wenn ja, wie sich diese Sprache bis dahin entwickelt haben wird, hängt letzten Endes davon ab, welchen Weg die chassidischen und traditionalistisch-orthodoxen aschkenasischen Juden, die heutzutage die Mehrheit aller Sprecher ausmachen, in der Welt von morgen gehen werden.

Umschrift und Aussprache des Jiddischen

Jiddisch wird in hebräischer Schrift geschrieben (vgl. Kap. 2). Da nicht jeder Leser das hebräische bzw. jiddische Alphabet kennt, werden jiddische Wörter in einer Umschrift wiedergegeben, die eine Annäherung an die Aussprache des Jiddischen bietet. In wissenschaftlichen Publikationen wird für das moderne Standardjiddisch meist die Umschrift des YIVO Institute for Jewish Research (New York) verwendet, die für eine englischsprachige Leserschaft gedacht ist. Wir verwenden dagegen eine für Sprecher des Deutschen angepasste Form dieser Umschrift.

Buchstabe	Name	unsere Umschrift	YIVO-Umschrift
א	álef	-	-
אַ	páßech-àlef	a	a
אָ	kómez-àlef	o	o
בּ	bejß	b	b
בֿ	wejß	w	v
ג	gímel	g	g
ד	dálet	d	d
ה	hej	h	h
ו	wow	u, w	u, v
וּ	melúpn-wow	u	u
ז	sájen	s	z
ח	cheß	ch	kh
ט	teß	t	t
י	jud	i, j	i, y
יִ	chírek-jud	i	i
כּ	kof	k	k
כ	chof	ch	kh
ל	lámed	l	l
מ	mem	m	m

Buchstabe	Name	unsere Umschrift	YIVO-Umschrift
נ	nun	n	n
ס	ßámech	ß	s
ע	ájen	e	e
פּ	pej	p	p
פֿ	fej	f	f
צ	zádek	z	ts
ק	kuf	k	k
ר	rejsch	r	r
ש	schin	sch	sh
שׂ	ßin	ß	s
תּ	tow	t	t
ת	ßow	ß	s

Schlussbuchstaben:

ך	lánge chof	ch	kh
ם	schlóß-mem	m	m
ן	lánge nun	n	n
ף	lánge fej	f	f
ץ	lánge zádek	z	ts

Buchstabenkombinationen:

וו	zwej wown	w	v
וי	wow-júd	oj	oy
יי	zwej judn	ej	ey
ײַ	páßech-zwej judn	aj	ay
זש	sàjen-schín	sh	zh
דזש	dàlet-sàjen-schín	dsh	dzh
טש	teß-schín	tsch	tsh

Die Tabelle bezieht sich auf die YIVO-Orthographie.

Die hebräische Schrift kennt keine Groß- und Kleinschreibung. Um den Lesern entgegenzukommen, haben wir Personennamen, geographische Bezeichnungen und Satzanfänge groß geschrieben.

Vokale und Diphthonge werden in der Standardsprache etwa wie folgt ausgesprochen:

- *a* kurzes, offenes *a* wie in *Mann*
- *e* kurzes, offenes *e* wie in *hell* oder unbetonter Murmellaut (*schwa*-Klang) wie in *begreifen*
- *i* kurzes, offenes *i* wie in *Kind*, in betonten Silben manchmal ein kurzes, geschlossenes *i* wie in *Titan*
- *o* kurzes, offenes *o* wie in *voll*
- *u* kurzes *u* wie in *lustig*
- *aj*, *ej*, *oj* sind als Diphthonge zu sprechen, wie in *Ei*, *hey*, *Eule*

Mit Ausnahme der Diphthonge *aj*, *ej* und *oj* sind aufeinanderfolgende Vokalbuchstaben als einzelne Laute auszusprechen (d. h. *oe* nicht als *ö*, *ue* nicht als *ü*). Auf *i* folgendes *e* zeigt keine Dehnung an, sondern wird als eigenständiges *e* ausgesprochen und bildet bzw. beginnt eine neue Silbe.

Bei der Aussprache der Konsonanten sind die folgenden Besonderheiten zu beachten:

- *ch* ist stets der ach-Laut, wie in dt. *lachen*, auch am Wortanfang und nach *e*, *i*, Diphthongen und Konsonanten
- *s* wird als stimmhaftes (weiches) *s* gesprochen, wie in dt. *Rose*, auch am Wortende (keine Auslautverhärtung)
- *ß* wird als stimmloses (scharfes) *s* gesprochen, wie in dt. *essen*, auch vor Vokalen; am Satzanfang und am Anfang von Namen wird *ß* als *Ss* geschrieben
- *sch* ist ein stimmloser Zischlaut wie in dt. *schön*
- *sh* ist (im Unterschied zum stimmlosen *sch*) ein stimmhafter (weicher) Zischlaut, wie in *Journal*, *Loge*
- *b*, *d* und *w* sind auch am Wortende stimmhaft zu sprechen (keine Auslautverhärtung); *briw* wird also nicht wie dt. *Brief* ausgesprochen
- *k*, *p* und *t* werden unbehaucht ausgesprochen (nicht aspiriert)

Die Umschrift für das moderne Ostjiddisch orientiert sich, soweit nicht auf dialektale Besonderheiten verwiesen wird, an der so genannten *klal-schprach*, der Standardsprache. Auch das Westjiddische wird, soweit möglich, in einer nicht dialekt-spezifischen Form wiedergegeben, die sich an der alten Buchsprache und am gesicherten Wissen über die westjiddischen Dialekte orientiert. So findet man im Westjiddischen (und in einigen ostjiddischen Dialekten) auch den Diphthong *ou*.

In der *klal-schprach* sind alle Vokale kurz. In mehreren Dialekten gibt es dagegen sowohl kurze als auch lange Vokale. Solche Langvokale werden in unserer Umschrift durch Überstreichung gekennzeichnet, d. h. *ā* steht z. B. für langes *a* wie in *lahm*, *ī* steht für langes geschlossenes *i* wie in *viel*.

In mehrsilbigen Wörtern markieren wir die betonte Silbe durch einen Akzent (´). In zusammengesetzten Wörtern und im hebräischen Status Constructus wird zwischen Haupt- (´) und Nebenakzent (`) unterschieden. ' markiert einen Stimmabsatz (glottal stop), wie in dt. *be'eilen.*

Für hebräische Begriffe im Deutschen wird ebenso wie für Beispielwörter aus dem Hebräischen die moderne israelische Aussprache verwendet, da diese den meisten Lesern am ehesten vertraut sein dürfte.

Russische und ukrainische Beispielwörter und -phrasen stehen in der deutschen wissenschaftlichen slawistischen Umschrift. Für geographische Namen wird die Dudenumschrift verwendet, mit einer Ausnahme: Der stimmhafte (weiche) Zischlaut in Wörtern wie *Journal* (ž) wird durch *sh* wiedergegeben, also schreiben wir z. B. *Shitomir*, *Birobidshan*.

Bei Personennamen geben wir neben der Umschrift ihrer jiddischen Form gelegentlich auch eine weitere Schreibweise an, die in der Sekundärliteratur gebräuchlich ist.

Abkürzungen

altfrz.	altfranzösisch
alttschech.	alttschechisch
DtK	Deutsche Komponente
engl.	englisch
frz.	französisch
HAK	Hebräisch-Aramäische Komponente
hebr.	hebräisch
ital.	italienisch
jidd.	jiddisch
jüd.-dt.	jüdisches Deutsch
jüd.-frz.	jüdisch-französisch
jüd.-ndl.	jüdisch-niederländisch
klass.-lat.	klassisch-lateinisch
mhd.	Mittelhochdeutsch
mod.	modern
nhd.	neuhochdeutsch
ndl.	niederländisch
NOJ	Nordostjiddisch
poln.	polnisch
RomK	Romanische Komponente
russ.	russisch
SlK	Slawische Komponente
slaw.	slawisch
SOJ	Südostjiddisch
tschech.	tschechisch
ukr.	ukrainisch
WJ	Westjiddisch
ZOJ	Zentralostjiddisch

Abkürzungen für Bücher der Hebräischen Bibel bzw. des Alten Testaments

1Chr	Erstes Buch der Chroniken
Dtn	Deuteronomium
Ex	Exodus
Gen	Genesis

Literatur

An dieser Stelle kann nur eine kleine Auswahl von Veröffentlichungen in deutscher und englischer Sprache geboten werden. Die umfangreiche Literatur auf Jiddisch und Hebräisch wurde nicht berücksichtigt, ebenso Arbeiten in slawischen und anderen Sprachen.

Allgemeines

Birnbaum, Salomo A.: Die jiddische Sprache. Ein kurzer Überblick und Texte aus acht Jahrhunderten, Hamburg 1974

–: Yiddish: a survey and a grammar, Toronto–Buffalo 1979

Fishman, Joshua A. (Hg.): Readings in the sociology of Jewish languages, Leiden 1985

–: Yiddish: turning to life, Amsterdam 1991

Harshav, Benjamin: The meaning of Yiddish, Berkeley 1990

Hundert, Gershon David (Hg.): Jews in Eastern Europe: the YIVO encyclopedia, New Haven 2008

Jacobs, Neil G.: Yiddish. A linguistic introduction, Cambridge 2005

Kahn, Lily/Aaron D. Rubin: Handbook of Jewish Languages, Leiden [2]2017

Katz, Dovid: Words on fire. The unfinished story of Yiddish, New York 2004

Neuberg, Simon: Jiddisch, in: Nina Janich und Albrecht Greule, Sprachkulturen in Europa, Tübingen 2002, S. 114–120

Shandler, Jeffrey: Yiddish. Biography of a language, New York 2020

Weinreich, Max: History of the Yiddish language, 2 Bde., New Haven 2008

Wex, Michael: Born to kvetch. Yiddish language and culture in all of its moods, New York 2005 (humoristische Darstellung)

1. *Af ale kontinentn* – Die jiddische Sprache

Birnbaum, Salomo A.: Grammatik der jiddischen Sprache. Mit einem Wörterbuch und Lesestücken, Hamburg [3]1979

–: Das hebräische und aramäische Element in der jiddischen Sprache, Hamburg [2]1986 (unveränd. Nachdr. d. Diss. Würzburg 1922)

Krogh, Steffen: Das Ostjiddische im Sprachkontakt. Deutsch im Spannungsfeld zwischen Semitisch und Slavisch, Tübingen 2001

2. Aschkenas – Ursprung und Verbreitung des Jiddischen in Europa

Timm, Erika: Der Knick in der Entwicklung des Frühneuhochdeutschen aus jiddistischer Sicht. In: Kontroversen, alte und neue. Akten des VII. Internationalen Germanisten-Kongresses Göttingen 1985, Tübingen 1986, Bd. 5, S. 20–27

–: Die Bibelübersetzungssprache als Faktor der Auseinanderentwicklung des jiddischen und des deutschen Wortschatzes. In: Vestigia bibliae 10/11 (1988/89), Bern 1991, S. 59–75. Geringfügig veränderter Wiederabdruck in: Sprache und Identität im Judentum, hg. von Karl E. Grözinger, Wiesbaden 1998 (Jüdische Kultur 4), S. 91–109

3. *Meme* oder *mame:* West- und Ostjiddisch

Geller, Ewa: Warschauer Jiddisch, Tübingen 2001

Katz, Dovid: Zur Dialektologie des Jiddischen, in: Werner Besch u. a., Hg., Dialektologie. Ein Handbuch zur deutschen und allgemeinen Dialektforschung, Bd. 2, Berlin 1983, S. 1018–1041

Kiefer, Ulrike: Gesprochenes Jiddisch. Textzeugen einer europäisch-jüdischen Kultur, Tübingen 1995

Timm, Erika: Graphische und phonische Struktur des Westjiddischen unter besonderer Berücksichtigung der Zeit um 1600, Tübingen 1987

EYDES (Webseite des Language and Culture Atlas of Ashkenazic Jewry), http://www.eydes.de/

4. Die ältere jiddische Literatur

Baumgarten, Jean: Introduction to Old Yiddish literature, hg. von Jerold C. Frakes, Oxford 2005

Klingenstein, Susanne: Es kann nicht jeder ein Gelehrter sein. Eine Kulturgeschichte der jiddischen Literatur, 1105–1597, Berlin 2022

Levita, Elia (Elje Bocher): Paris un Wiene. Ein jiddischer Stanzenroman des 16. Jahrhunderts von (oder aus dem Umkreis von) Elia Levita, Tübingen 1996

Turniansky, Chava/Erika Timm: Yiddish in Italia, Mailand 2003
Weinreich, Max: Geschichte der jiddischen Sprachforschung, hg. von Jerold C. Frakes, Atlanta, GA 1993
Zinberg, Israel: A history of Jewish literature. Bd. 7: Old Yiddish literature from its origins to the Haskalah period, Cincinnati/New York 1975

5. *Woß tut me damit?* – Der Niedergang des Westjiddischen

Euchel, Isaak: Reb Henoch, oder: Woß tut me damit, Hamburg 2006
Römer, Nils: Tradition und Akkulturation: Zum Sprachwandel der Juden in Deutschland zur Zeit der Haskala, Münster/New York 1995

6. Kulturelle Strömungen in Osteuropa

Kerler, Dov-Ber: The eighteenth-century origins of modern literary Yiddish, Oxford 1999
Zinberg, Israel: A history of Jewish literature, Bd. 11: The Haskalah movement in Russia, Cincinnati/New York 1978

7. Die Zeit der Klassiker

Fishman, David E.: The rise of modern Yiddish culture, Pittsburgh 2005
Frieden, Ken: Classic Yiddish fiction. Abramovitsh, Sholem Aleichem, and Peretz, Albany 1995
Goldsmith, Emanuel: Modern Yiddish culture: the story of the Yiddish language movement, New York 1987
Miron, Dan: A traveler disguised: the rise of modern Yiddish fiction in the nineteenth century, 2. Aufl., Syracuse, NY 1996 (1. Aufl. New York 1973)
Nath, Holger: Yiddish as the emerging language of Eastern European Jewry, in: Sociolinguistica 6 (1992), S. 52–64
Trachtenberg, Barry: The revolutionary roots of modern Yiddish, 1903–1917, Syracuse, NY 2008

8. Blüte, Assimilation und Zerstörung

Dawidowicz, Lucy S.: From that place and time: a memoir, New York 1989

Estraikh, Gennady: Soviet Yiddish. Language planning and linguistic development, Oxford 1999

Moss, Kenneth B.: Jewish renaissance in the Russian revolution, Cambridge, MA 2009

Peltz, Rakhmiel/Mark W. Kiel: Di yidish-imperye: The dashed hopes for a Yiddish cultural empire in the Soviet Union, in: Isabelle T. Kreindler (Hg.): Sociolinguistic perspectives on Soviet national languages. Their past, present and future, Berlin 1985, S. 277–312

Sandrow, Nahma: Vagabond stars. A world history of Yiddish theatre, New York 1986

Shapiro, Edward Steven (Hg.): Yiddish in America: essays on Yiddish culture in the golden land, Scranton, PA 2008

Shneer, David: Yiddish and the creation of Soviet Jewish culture, 1918–1930, Cambridge 2004

9. *Loschn un lebn* – Jüngste Entwicklungen

Assouline, Dalit: Contact and ideology in a multilingual community: Yiddish and Hebrew among the ultra-Orthodox. Boston/Berlin 2017

Belk, Zoë/Lily Kahn/Kriszta Eszter Szendrői: Absence of morphological case and gender marking in contemporary Hasidic Yiddish worldwide, in: Journal of Germanic Linguistics 34, 2 (2022), S. 139–185.

Isaacs, Miriam/Lewis Glinert (Hg.): Pious voices. Languages among ultra-orthodox Jews, Berlin 1999 (International journal of the sociology of language, 138)

Lewinsky, Tamar: Displaced poets. Jiddische Schriftsteller im Nachkriegsdeutschland 1945–1951, Göttingen 2008

Myhill, John: Language in Jewish society. Towards a new understanding, Clevedon 2004

Shandler, Jeffrey: Adventures in Yiddishland: postvernacular language and culture, Berkeley 2006

Spuren des Jiddischen im Deutschen

Althaus, Hans Peter: Zocker, Zoff & Zores. Jiddische Wörter im Deutschen, München ^{2}2003
Althaus, Hans Peter: Kleines Lexikon deutscher Wörter jiddischer Herkunft, München ^{2}2005
Althaus, Hans Peter: Chuzpe, Schmus & Tacheles. Jiddische Wortgeschichten, München ^{2}2006

Websites

Digital Yiddish Theater Project: <https://web.uwm.edu/yiddish-stage/>
Forwertß: <https://forward.com/yiddish/>
In geveb. A Journal of Yiddish Studies: <https://ingeveb.org/>
League for Yiddish: <https://leagueforyiddish.org/>
Yiddish Book Center: <https://www.yiddishbookcenter.org>
Yiddish Research Guide, New York Public Library: <https://libguides.nypl.org/yiddishresearch>
YIVO Institute for Jewish Research: <https://www.yivo.org/>

Register